IMMANUEL KANT

De mundi sensibilis atque intelligibilis forma et principiis

Über die Form und die
Prinzipien der Sinnen- und
Geisteswelt

Auf Grundlage des lateinischen Textes der
Berliner Akademie-Ausgabe neu übersetzt und
mit einer Einleitung und Anmerkungen
herausgegeben von
Klaus Reich

FELIX MEINER VERLAG
HAMBURG

PHILOSOPHISCHE BIBLIOTHEK BAND 251

Im Digitaldruck »on demand« hergestelltes, inhaltlich mit der
ursprünglichen Ausgabe identisches Exemplar. Wir bitten um
Verständnis für unvermeidliche Abweichungen in der
Ausstattung, die der Einzelfertigung geschuldet sind.
Weitere Informationen unter: www.meiner.de/bod.

Bibliographische Information der Deutschen Nationalbibliothek

Die Deutsche Nationalbibliothek verzeichnet diese Publikation
in der Deutschen Nationalbibliographie; detaillierte bibliographische Daten sind im Internet abrufbar über
‹http://portal.dnb.de›.
ISBN 978-3-7873-0788-3
ISBN eBook: 978-3-7873-3320-2

INHALT

De mundi sensibilis atque intelligibilis
forma et principiis

Über die Form und die Prinzipien der
Sinnen- und Geisteswelt

VORWORT

Der lateinische Text dieser Ausgabe ist ein Abdruck des Textes der Kantischen Dissertation von 1770 in der Berliner Akademieausgabe von Kants sämtlichen Schriften (Bd. II, S. 387—419). Einige Druckfehler dieser Ausgabe wurden verbessert, ein Originaldruck (A²) zu diesem Zweck eingesehen.

Die deutsche Übersetzung wurde von mir für diese Ausgabe neu verfaßt; gelegentlich habe ich die Übersetzung des Kantschülers J. H. Tieftrunk vom Jahre 1799 herangezogen.

Das Register ist ein Verzeichnis der Namen sowie wichtigen lateinischen Termini, vornehmlich, aber nicht ausschließlich, im Hinblick auf die Stellen, wo sie eingeführt sind; die Zahlen hinter den Wörtern beziehen sich auf die Paragraphen der Dissertation.

Die Einleitung versucht, die Stelle der vorliegenden Schrift in Kants philosophischer Entwicklung und ihr Verhältnis zur Grundidee der Kritik der reinen Vernunft zu bestimmen; ich gelangte bei diesem Versuch zu einer von der üblichen Vorstellung abweichenden Erklärung des Zustandekommens der klassischen kantischen Raumtheorie.

Marburg/Lahn   *Klaus Reich*

EINLEITUNG

*Über das Verhältnis der Dissertation und der Kritik
der reinen Vernunft und die Entstehung
der kantischen Raumlehre*

Die vorliegende Abhandlung Kants verdankt ihre Entstehung einem äußeren Anlaß. Das akademische Herkommen verlangte, daß ein neu ernannter Ordinarius eine von ihm selbst verfaßte, in lateinischer Sprache geschriebene „Inauguraldissertation" öffentlich von einem „Respondenten" gegen einige „Opponenten" verteidigen ließ. Kant wurde am 31. März 1770 zum Ordinarius für Logik und Metaphysik in Königsberg ernannt. Die Verteidigung der Schrift erfolgte am 21. August desselben Jahres. In der Zwischenzeit also ist sie verfaßt. Kant selbst war mit ihrer Ausführung nicht recht zufrieden, meinte aber, daß in drei ihrer fünf Abschnitte eine Materie liege, welche wohl eine sorgfältigere und weitläufigere Ausführung verdiene (an Lambert, 2. Sept. 1770). In einem Brief vom 7. Juni 1771 an den Respondenten von 1770, Marcus Herz, erklärt er die Dissertation mit ihren Fehlern für keiner neuen Auflage würdig, bezeichnet sie aber gleichzeitig als „den Text, worüber das Weitere (die vollständigere Ausführung) in der folgenden Schrift soll gesagt werden". Aus der hier genannten folgenden Schrift ist die Kritik der reinen Vernunft geworden, erschienen 1781.

Friedrich Paulsen hat in seiner Habilitationsschrift „Versuch einer Entwicklungsgeschichte der Kantischen Erkenntnistheorie" (1875) Kants Dissertation von 1770 zum Ausgangs- und Anknüpfungspunkt der Erklärung aller Probleme, die die Kritik der reinen Vernunft behandelt, genommen. Er hat damit Anstoß erregt, aber man kann m. E. nicht leugnen, daß er soweit einen guten Griff getan hat. Er ging freilich noch weiter, indem er die Dissertation als eine Frühform der Kritik der reinen Vernunft selbst ansah. Kant drückt sich nach dem Erscheinen seines Hauptwerkes vorsichtiger

aus. So schreibt er am 1. Mai 1781 an Marcus Herz: „Dieses Buch enthält den Ausschag aller mannigfaltigen Untersuchungen, die *von* den Begriffen *anfingen*, welche wir zusammen, unter der Benennung des mundi sensibilis und intelligibilis, abdisputierten". Und an den Herausgeber von Lamberts Briefwechsel, Johann Bernoulli, schreibt er am 16. November 1781: „Im Jahre 1770 konnte ich die Sinnlichkeit unseres Erkenntnisses durch bestimmte Grenzzeichen ganz wohl vom Intellektuellen unterscheiden, wovon ich die Hauptzüge (die doch mit manchem, was ich jetzt nicht mehr anerkennen würde, vermengt waren) in der . . . Dissertation [an Lambert] überschickte, in Hoffnung mit dem übrigen nicht lange im Rückstand zu bleiben. Aber nunmehr machte mir der Ursprung des Intellektuellen von unserer Erkenntnis *neue und unvorhergesehene Schwierigkeit* und mein Aufschub wurde je länger desto notwendiger".

Für das Verständnis des wahren Verhältnisses der Dissertation zur Kritik der reinen Vernunft kommt es danach darauf an, zu erkennen, ob Kants vorsichtige Formulierungen den Vorzug vor Paulsens Ansicht der Sache verdienen oder nicht.

Die Paulsensche Schrift ist darum bemüht, einen Einfluß Humes auf das Zustandekommen der Dissertation nachzuweisen: verständlicherweise, denn Hume war es gewesen, der nach Kants eigenem Zugeständnis vom Jahre 1783 (Prolegomena Vorrede) Kant dahin gebracht hat, „aus dem dogmatischen Schlummer aufzuwachen". Es liegt nahe, den entsprechenden Nachweis mit dem anderen von Kant namhaft gemachten (an Garve 1798) Erweckungsmittel aus dem dogmatischen Schlummer zu versuchen: mit den „Antinomien der reinen Vernunft im Weltbegriffe". Diesen Versuch unternahm Alois Riehl in seinem „Philosophischen Kritizismus" von 1876 und statuierte: „Die Antinomie trieb zur Unterscheidung der phänomenalen von der intelligiblen Welt". Während Paulsens Versuch mit dem Einfluß Humes auf Kants Standpunkt von 1770 keinen Anklang gefunden hat, gilt Riehls Formel für die Rolle der Antinomien in Kants Entwicklung bis 1770 heutzutage — und so seit dem

Jahre 1878 — als erwiesen und zwar im wesentlichen durch
Benno Erdmann. Wichtig für die heutige Lage ist, daß
Hans Vaihinger in seinem Kommentar zur Kritik der reinen
Vernunft (1881—1892) und Erich Adickes als Herausgeber
des Kantischen Nachlasses in der Berliner Akademie-Aus-
gabe (1911 ff.) sie übernommen haben.

Man wird gut tun, auch gegenüber dieser Theorie sich
an Kants vorsichtige Ausdrucksweise über das Verhältnis
von Dissertation und Kritik der reinen Vernunft zu erinnern. Kants Bemerkung, daß eine neue und unvorhergesehene Schwierigkeit auf dem Wege von der Dissertation
zur Kritik der reinen Vernunft lag, stimmt nämlich vorzüglich zu dem Bericht Kants an Marcus Herz (21. Februar
1772) über seine Beschäftigung etwa im Wintersemester
1771/72: „Indem ich den theoretischen Teil — eines Wer-
kes ‚Die Grenzen der Sinnlichkeit und der Vernunft' — in
seinem ganzen Umfange und mit den wechselseitigen Beziehungen aller Teile durchdachte, so bemerkte ich, daß
mir noch etwas Wesentliches mangele, welches ich bei meinen
langen metaphysischen Untersuchungen außer acht gelassen hatte und welches in der Tat den Schlüssel zu dem ganzen Geheimnisse der *bis dahin sich selbst noch verborgenen*
Metaphysik ausmacht". Das hier angedeutete Geheimnis
ist die Beziehung der reinen Verstandesbegriffe bzw. der
Axiome der reinen Vernunft — was hier nicht geschieden
ist — auf einen Gegenstand. Die neue und unvorhergesehene Schwierigkeit betrifft also, wie immer die Frage des
Briefes von 1772 sich auch zu dem spezifischen Problem der
Deduktion der reinen Verstandesbegriffe (ungleich Ver-
nunftaxiome) in der Kritik der reinen Vernunft verhalten
mag, jedenfalls gewiß ein Problem der späteren sogenann-
ten transzendentalen *Logik*. Nun steht es rein äußerlich so:
was von der Dissertation in die Kritik der reinen Vernunft
einfach übernommen worden ist, ihr Abschnitt 2 und 3, findet sich ausschließlich in der transzendentalen *Ästhetik* der
Kritik der reinen Vernunft. Der Inhalt von Abschnitt 1 und
4 der Dissertation ist schon in dem Brief an Lambert vom
2. September 1770 als unerheblich bezeichnet worden. Es
bleibt ein Rest (einiges in Abschnitt 5 der Schrift von 1770),

von dem gesagt werden kann und von dem von Kant gesagt
worden ist (an Johann Schulz am 26. 8. 1783), daß er „etwas be-
rühre", was in der Kritik der reinen Vernunft in der soge-
nannten „transzendentalen Doktrin der Urteilskraft", einem
Teil der transzendentalen *Logik,* gebracht worden ist. Will
man also entscheiden, ob die Dissertation eine Frühform
der Kritik der reinen Vernunft selbst ist oder nicht, so wird
man sein Augenmerk auf jene Theorie vom Verhältnis der
Grundbegriffe der Sinnlichkeit einerseits und der Begriffe
und Grundsätze der reinen Vernunft andererseits richten
müssen, die im Abschnitt 5 der Dissertation das Analogon
zu der „transzendentalen Doktrin der Urteilskraft" in der
Kritik der reinen Vernunft bildet. Nun, die §§ 23 und 24
im 5. Abschnitt der Dissertation geben eine ganz offensicht-
lich „dogmatische" Lehre von der Funktion des reinen Verstandes und der reinen Vernunft. Dort wird gelehrt: „Die
Darlegung der Gesetze der reinen Vernunft ist zugleich
auch selbst die Erzeugung der Wissenschaft [der Metaphy-
sik] und die Unterscheidung dieser Gesetze von untergeschobenen Gesetzen ist das Kriterium der Wahrheit." Und
als Anwendung dieses Wahrheitskriteriums wird gesagt,
daß, „wenn ein Prädikat ein intellektueller Begriff ist, seine
Beziehung auf ein Urteilssubjekt, mag dieses noch so sehr
sinnlich vorgestellt sein, immer ein Merkmal bezeichnet,
das dem Dinge an sich zukommt." Die Idee also, daß der
reine Verstand oder die reine Vernunft selber ihrer Natur
nach dialektisch, d. h. scheinerzeugend seien, oder anders
gesagt, daß die reine Vernunft selber einer Kritik bedürfe,
ist noch nicht aufgetaucht. Dieser Gedanke ist vielmehr,
ebenso wie übrigens auch der Terminus ‚Kritik der *reinen*
Vernunft' erst oder frühestens erst für die Gedankenarbeit,
von der der genannte Brief an Marcus Herz vom 21. Februar 1772 berichtet, anzunehmen. Andererseits: Die Antinomie der reinen Vernunft im Weltbegriffe ist „etwas, was
unvermeidlich auf jene Beschränkung unserer Erkenntnis,
die in der Analytik der Kritik der reinen Vernunft vorher
apriori … bewiesen worden war, zurückführt und sie gleichsam durch ein Experiment der Vernunft, das sie mit ihrem
eigenen Vermögen anstellt, bestätigt" — so Kant in den

„Fortschritten der Metaphysik seit Leibniz und Wolff",
Akademie-Ausgabe Band XX, Seite 290/91. Was „in der
Analytik vorher bewiesen" ist, ist die Einschränkung des
Erkenntnisgebrauchs intellektueller Begriffe und Grundsätze auf Gegenstände möglicher Erfahrung im Gegensatz
zu Dingen an sich. Aus dieser Gegenüberstellung von Lehr-
stücken der Dissertation und der Kritik der reinen Vernunft
über die Macht des reinen Verstandes oder der reinen Vernunft ergibt sich doch, daß es *schwerlich* die Antinomie der
reinen Vernunft im Weltbegriffe gewesen sein kann, was
am Anfang der Raumzeitlehre der Dissertation gestanden
hat — ebensowenig wie Humes Problem, wovon es heute
allgemein anerkannt ist, daß es nicht der Fall gewesen ist.
    Wenn wir uns also veranlaßt sehen, den Einfluß nicht
nur Humes, sondern auch der Idee einer Antinomie der reinen Vernunft im Weltbegriffe auf *den* Termin, von dem der
Brief vom Februar 1772 berichtet, und damit auf die Zeit
nach der Dissertation zu beziehen, so müssen wir zunächst
prüfen, was der üblichen Vorstellung, daß die genannte
Antinomie den Anlaß zur Aufstellung der Raumzeittheorie
eben der Dissertation selbst gegeben habe, ihre Plausibili-
tät verliehen hat.
    Benno Erdmann hat in einer handschriftlichen Bemerkung
Kants auf Seite XXXVI seines Exemplars der Baumgarten-
schen Metaphysik einen Beweis gesehen. Die Bemerkung
lautet (Reflexion 5037 Ak.-Ausgabe Bd. XVIII): „Ich sah
anfänglich diesen Lehrbegriff wie in einer Dämmerung. Ich
versuchte es ganz ernstlich, Sätze zu beweisen und ihr Gegenteil, nicht um eine Zweifellehre zu errichten, sondern
weil ich eine Illusion des Verstandes vermutete, zu entdek-
ken, worin sie stäke. Das Jahr 69 gab mir großes Licht".
Hier identifiziert Erdmann (und ihm folgend Adickes) „den
Lehrbegriff" mit dem Lehrbegriff (Theorie) von Raum und
Zeit als sinnlichen Formen der menschlichen Anschauungsfähigkeit und „die Sätze und ihr Gegenteil, die Kant zu beweisen versuchte", mit den Thesen und Antithesen der kos-
mologischen Antinomie der Kritik der reinen Vernunft. Beides ist willkürlich, ja unwahrscheinlich. Vorher geht jener
Bemerkung der Satz: „Wenn ich nur so viel erreiche, daß

ich überzeuge, man müsse die Bearbeitung dieser Wissenschaft so lange aussetzen, bis man diesen Punkt ausgemacht
hat, so hat diese Schrift [die Kritik der reinen Vernunft]
ihren Zweck erreicht." „Dieser Punkt", der solche Folgen
haben soll, kann eigentlich nur etwas Ähnliches wie die
Frage, „wie sind synthetische Urteile apriori möglich?" —
oder vielleicht gar diese Frage selber — sein. Der „Lehrbegriff" wäre dann aber nichts anderes als die Theorie, die die
Kritik der reinen Vernunft als Antwort auf *diese* Frage vor-
trägt. (Man vergleiche zur Bestätigung die gleichzeitige Reflexion 4953: „Der Lehrbegriff ist entweder der Realismus
oder der Formalismus der reinen Vernunft. Dieser erlaubt
nur Grundsätze der Form des Gebrauchs unserer Vernunft
apriori in Ansehung der Erfahrungen".) Was sind dann
aber jene „Sätze und ihr Gegenteil, die ich -- Kant — *anfänglich* ganz ernstlich zu beweisen versuchte, um eine Illusion des Verstandes zu entdecken?" Antwort: Kant übt damit die skeptische Methode als ein *ganz allgemeines* heuri-
stisches Prinzip in Sachen der Metaphysik *überhaupt.* Diese,
durch den Beweis von Sätzen und ihren Gegenteilen charak-
terisierte skeptische Methode finden wir nämlich schon vor
der Dissertation von Kant zur Behandlung metaphysischer
Probleme angewandt in den „Träumen eines Geistersehers
erläutert durch Träume der Metaphysik" von 1765/66, und
in dem den „Träumen eines Geistersehers" gewidmeten
Briefe an Moses Mendelssohn vom 8. April 1766 sehen wir
diese Methode als unentbehrlich für die Gewinnung der
wahren Methode der Metaphysik hingestellt. In den „Träumen eines Geistersehers" handelt es sich aber nicht um
Probleme der spekulativen *Kosmologie,* sondern vielmehr
der rationalen *Psychologie!*
Für die wirkliche Entstehung der eigentlichen Raumzeitlehre der Dissertation ist es nun allerdings wichtig, daß
Kant diesen *allgemeinen* Gedanken von Schwierigkeiten in
der Metaphysik *überhaupt,* die sich in zwei sich zueinander antinomisch verhaltenden Grundsätzen ausdrücken, *auch*
auf *die* Problematik bezieht, die der Gebrauch des Begriffes
des absoluten Raumes in Anwendung auf Gegenstände der
sinnlichen Wahrnehmung mit sich bringt. So verteidigt die

im Februar 1768 erschienene Abhandlung „Von dem ersten
Grunde des Unterschiedes der Gegenden im Raume" einen
solchen Gebrauch des Begriffs des absoluten Raumes, um
dann folgendermaßen zu schließen: „Ein nachsinnender
Leser wird daher den Begriff des ... (absoluten Raumes) ...
nicht für ein bloßes Gedankending ansehen, obgleich es
nicht an Schwierigkeiten fehlt, die diesen Begriff umgeben,
wenn man seine Realität, welche dem inneren Sinne an-
schauend genug ist, durch Vernunftideen fassen will. Aber
diese Beschwerlichkeit zeigt sich allwärts, wenn man über
die ersten Data unserer Erkenntnis noch philosophieren
will ..." Und eine Reflexion derselben Zeit, 3892 Ak.-Ausg.
Bd. XVII, bemerkt: „Ob es ein spatium absolutum oder
tempus absolutum gäbe, würde soviel sagen wollen, ob ....
(folgt die Ausführung). Wir lösen diese Schwierigkeiten
nicht auf, sondern antworten unseren Gegnern durch die
Retorsion, weil ihre Auffassung eben diese Schwierigkeiten
hat". Hier wären also der Satz und sein Gegenteil, mit denen es Kants Beweisversuch zu tun hat, der der Existenz
und der der Nichtexistenz des absoluten Raumes.

Nun verraten schon die „Träume eines Geistersehers" die
Erkenntnis, daß die Scheineinsichten des Verstandes, die
durch die skeptische Methode entdeckt werden, auf einem
Einfluß der *subjektiven* Bedingungen der Erkenntnisse auf
die *objektiven* Bedingungen derselben beruhen. Von einem
solchen Einfluß bzw. einer „Verwechslung beider Arten von
Bedingungen" spricht auch die Dissertation von 1770 (§ 1
vorletzter Absatz, § 24, § 28 letzter Absatz, § 30). Bei einer
solchen Anwendung der skeptischen Methode (Sätze
und ihr Gegenteil beweisen) auf das Problem der
Realität des absoluten Raumes in Verbindung mit dem Gedanken, daß alle Scheineinsicht des Verstandes auf einer
Verwechslung subjektiver und objektiver Bedingungen der
Erkenntnisse beruhe, ist das Auftauchen der Idee einer
Raumtheorie, wie Kant sie in der Dissertation gegeben hat,
ganz gut verständlich: „Das Spatium absolutum, dieses
Rätsel der Philosophen, ist ganz was Richtiges, aber nicht
reale, sondern ideale ...." (Reflexion 4673, Ak.-Ausgabe

Bd. XVII); mit anderen Worten: die „subjektivistische Wen-
dung".

Kann man noch verfolgen, welche konkreten Sachfragen
und welche vermeintlichen einfachen Tatsachen Kant zur
entschiedenen Behauptung dieser Theorie geführt haben?
Ich glaube, ja. Man muß dazu ausgehen von dem Sach-
problem, mit dem es die „Träume eines Geistersehers" zu
tun haben. Es ist dies — laut dem Brief an Moses Mendelssohn — die Frage: Wie ist die Seele in der Welt gegenwärtig sowohl den materiellen Naturen als den anderen
von ihrer Art (also den geistigen Naturen)? Kant entschei-
det in den „Träumen eines Geistersehers", daß die Art der
Gegenwärtigkeit der Seele — als eines Dinges — im Welt-
raume für die Vernunft ein Geheimnis sei, ohne daß dabei
der Begriff eines „Ortes der unmittelbaren Gegenwart der
Seele" selber von ihm einer Kritik unterworfen worden ist.
Davon unterscheidet sich die Position der Dissertation von
1770 in dieser Sache grundsätzlich. In ihr vertritt Kant den
Satz, daß es absurd sei, der Seele überhaupt einen Ort im
Raume zuzuschreiben, und beruft sich dafür auf den Schluß
des 92. und den Hauptteil des 93. der „Briefe an eine
deutsche Prinzessin" von Leonhard Euler, die im Jahre
1769 (!) zuerst in deutscher Sprache erschienen sind. Danach
ist also die Seele etwas, dessen Beziehung zum Körper bloß
gedacht, aber nicht sinnlich anschaulich gemacht werden
kann, sofern zur sinnlichen Veranschaulichung zweier Dinge
die räumliche Darstellung dieser Beziehung gehört. Das Gegenstück zu diesem eigentümlichen Sachverhalt würde etwas
abgeben, das zwar sinnlich anschaulich gemacht, aber nicht
durch den Verstand deutlich gemacht werden könnte. Gibt
es ein reelles Beispiel für dieses Gegenstück? Die Dissertation von 1770 sagt ja. In welcher Form? In Form
zweier inkongruenter Gegenstücke körperlicher Gestalten
— wie z. B. der rechten und der linken Hand — als *zweier
wesentlich verschiedener Dinge* ungeachtet der Gleichheit
ihrer Bestimmungsstücke, wie Seiten und Winkel. Der bei
solchen Gestalten vorliegende *„innere"* Unterschied wird, so
hatte noch die Abhandlung von 1768 gelehrt, einerseits
durch die augenscheinliche Erfahrung (die Anschauung der

Sinne) erkannt und beruht andererseits auf dem Verhältnis der Gestalt eines Körpers zum reinen oder absoluten Raum. In der Dissertation dagegen wird von
dieser Verschiedenheit, auf Grund deren es unmöglich ist,
daß die Grenzen der Ausdehnung inkongruenter symmetri-
scher körperlicher Gestalten zur Deckung gebracht werden,
obwohl sie in allen Stücken, die durch „objektive Merkmale
des Verstandes" beschrieben werden können, miteinander
vertauscht werden können, gesagt, daß sie offenbar nur
durch eine *reine*, d. h. nicht empirische, Anschauung bemerkt werden könne (§ 15 C). (Man wird diese neue er-
kenntnistheoretische Würdigung des Sachverhalts mit der
Erkenntnis des Fehlers der Argumentation von 1768 in
Zusammenhang bringen.) Weiterhin wird nun 1770 auch der
Grund, auf dem diese innere Verschiedenheit — schon nach
der Abhandlung von 1768 — beruht, zum Gegenstand einer
reinen Anschauung. Damit hat sich in der Tat nun zu
dem Begriff von etwas, was nur gedacht, aber nicht sinnlich
angeschaut werden kann (wie die Gegenwart der Seele im
Raume), das Gegenstück gesellt von etwas, was in seiner
Eigentümlichkeit nur sinnlich angeschaut, aber nicht durch
„objektive" Merkmale charakterisiert werden kann. Mit diesem Paar entgegengesetzter Begriffe, zu dem die Reflexion
auf zwei, wie Kant meint, ganz brutale und unleugbare Tatsachen führt, ist aber die Idee einer wesentlichen *Mißhelligkeit* zweier Komponenten des menschlichen Erkenntnisvermögens, der Sinnlichkeit und des Verstandes, gegeben.
(Denn die Möglichkeit einer *reinen* Anschauung, die data
enthält, die einerseits durch keinen Verstand deutlich gemacht werden können und andererseits Realisierungen in
konkreten Gegenständen der empirischen Anschauung — wie
in rechter und linker Hand — finden, kann nur auf der spezifisch menschlichen Anschauungsfähigkeit als solcher beruhen). Die Idee dieser Mißhelligkeit aber ist die Grundkon-
zeption, mit der die Dissertation von 1770 Kant über den
bloßen Gebrauch der skeptischen Methode in Fragen der
Metaphysik, den er seit mindestens 1765 übte, hinausgeführt hat. (Man vergleiche zu dieser Entwicklung den oben

erwähnten Brief an Bernoulli vom 16. Nov. 1781 und dazu die Reflexion 5015 Ak.—Ausg. Bd. XVIII).

Will man diese Idee eine „kritische" nennen, was man mit einem gewissen Recht kann, so bleibt sie doch weit entfernt von der Grundidee der Kritik der reinen Vernunft, die Kant einmal (im Anhang der Prolegomena) so formuliert: „Alle Erkenntnis von Dingen aus bloßem reinen Verstande oder reiner Vernunft ist nichts als lauter Schein, und nur in der Erfahrung ist Wahrheit". Da Kant kein Empirist ist, so setzt dieser Grundsatz, um für ihn Bedeutung zu haben, den Begriff einer *Erkenntnis apriori durch die Sinnlichkeit* (gegeben in einer reinen Anschauung) voraus — und diese *Voraussetzung* der Grundidee der Kritik der reinen Vernunft („daß Sinne apriori anschauen können") stellt eben die Dissertation auf. Die Dissertation lehrt aber zugleich, wie wir sahen, über die Leistung der anderen Komponente des menschlichen Erkenntnisvermögens — des Verstandes und der Vernunft — das Gegenteil der Grundidee der Kritik der reinen Vernunft und beweist damit durch die Tat, daß mit der spezifisch kantischen Raumtheorie als solcher der „dogmatische Schlummer" noch nicht unterbrochen ist. Es besteht also in der Zeit nach der Dissertation noch Bedürfnis genug nach Erweckungsmitteln — wie z. B. einer Entdeckung von Antinomien der reinen Vernunft im Weltbegriff. (Der Leser wird guttun, sich zu vergewissern — an Hand von Abschnitt 1 § 2 III und Abschnitt 5 § 28 und 29 —, daß diejenigen Aussagen der Dissertation, die eine Problematik der späteren Antinomienlehre berühren, in der Dissertation selbst keinen Ausblick enthalten auf die Aufstellung eines, sei es wahren, sei es scheinbaren, sei es entdeckten, sei es aufgelösten, Widerstreits der theoretischen Vernunft mit sich selbst im Weltbegriffe.)

Das Jahr 1769 gab Kant zwar „großes Licht", ließ aber doch das, was „in der Tat den Schlüssel zu dem ganzen Geheimnis der bis dahin sich selbst noch verborgenen Metaphysik ausmacht", im Dunkel, bis sowohl Humes Funke zündete wie der kosmologische Streit der Vernunft mit sich selbst den Punkt des Mißverstandes der Vernunft mit sich selbst entdeckte.

De
mundi sensibilis atque
intelligibilis
forma et principiis

Dissertatio pro Loco
Professionis Log. et Metaphys. Ordinar. Rite Sibi
Vindicando, quam Exigentibus Statutis Academicis

Publice Tuebitur

IMMANUEL KANT

Resp. Munere Fungetur

MARCUS HERTZ
Berolin. Gente Judaeus, Medic. et Philos. Cultor,

contra opponentes

GEORG WILH. SCHREIBER
Reg. Bor. Art. Stud.

JOH. AUGUSTUS STEIN
Reg. Bor. I.U.C.

et

GEORG DANIEL. SCHROETER
Elbing. S. S. Theol. C.

in Auditorio Maximo

Horis Matutinis et Pomeridianis Consuetis d. XXI. Aug.
Anno MDCCLXX

SECTIO I

De notione mundi generatim

§ 1

In composito substantiali, quemadmodum analysis non terminatur nisi parte quae non est totum, h. e. SIMPLICI, ita synthesis nonnisi toto quod non est pars, i. e. MUNDO.

In hac conceptus substrati expositione praeter notas, quae pertinent ad distinctam cognitionem obiecti, etiam ad *duplicem* illius e mentis natura *genesin* aliquantulum respexi, quae quoniam, exempli instar, methodo in metaphysicis penitius perspiciendae inservire potest, mihi haud parum commendabilis esse videtur. Aliud enim est, datis partibus *compositionem* totius sibi concipere, per notionem abstractam intellectus, aliud, hanc *notionem* generalem, tanquam rationis quoddam problema, *exsequi* per facultatem cognoscendi sensitivam, h. e. in concreto eandem sibi repraesentare intuitu distincto. Prius fit per conceptum *compositionis* in genere, quatenus plura sub eo (respective erga se invicem) continentur, adeoque per ideas intellectus et universales; posterius nititur *condicionibus* temporis, quatenus, partem parti successive adiungendo, conceptus compositi est genetice i. e. per SYNTHESIN possibilis, et pertinet ad leges *intuitus*. Pari modo, dato composito substantiali facile pervenitur ad ideam simplicium, notionem intellectualem *compositionis* generaliter tollendo; quae enim,

I. ABSCHNITT

Über den Begriff der Welt überhaupt

§ 1

Bei einem substantiellen Zusammengesetzten wird der Abbau nur durch einen Teil, der kein Ganzes ist, d. h. durch ein EINFACHES WESEN, abgeschlossen und analog — worauf es uns ankommt — der Aufbau nur durch ein Ganzes, das kein Teil ist, d. h. die WELT.

Bei dieser Erörterung des hier behandelten Begriffs habe ich nicht nur auf die Merkmale, die zur deutlichen Erkenntnis des Gegenstandes gehören, Rücksicht genommen, sondern ein wenig auch auf seinen *doppelten Ursprung* aus der Natur des Geistes; so scheint sie sich mir einigermaßen zu empfehlen, weil sie für ein tieferes Eindringen in die Methode der Metaphysik als Beispiel dienen kann. Denn es ist etwas anderes, wenn gewisse Bestandteile gegeben sind, die *Zusammensetzung* des Ganzen sich durch einen abstrakten Begriff des Verstandes zu denken; und etwas anderes, diesen allgemeinen *Begriff* gleichsam wie eine Aufgabe für die Vernunft mittels der sinnlichen Erkenntniskraft *auszuführen*, d. h. ihn sich in einem Einzelfall mittels einer deutlichen Anschauung vorzustellen. Ersteres geschieht durch den Begriff der *Zusammensetzung* überhaupt, insofern mehreres unter ihm (im Verhältnis zueinander) zusammengefaßt ist, also durch allgemeine Verstandesvorstellungen; letzteres stützt sich auf *Bedingungen* der Zeit, insofern der Begriff des Zusammengesetzten durch sukzessive Addition von Teil zu Teil operativ, d. h. durch den AUFBAU möglich ist, und gehört zu den Gesetzen der *Anschauung*. In gleicher Weise gelangt man, wenn eine Zusammensetzung aus Substanzen gegeben ist, leicht zu der Idee der einfachen Wesen, indem man den Verstandesbegriff der *Zusammensetzung* schlecht-

remota omni coniunctione, remanent, sunt *simplicia*. Secundum leges vero cognitionis intuitivae id non fit, i. e. compositio omnis non tollitur, nisi a toto dato ad *partes quascunque possibiles* regrediendo, h. e. per analysin[1], quae iterum nititur condicione temporis. Cum autem ad compositum requiratur partium *multitudo*, ad totum *omnitudo*, nec analysis, nec synthesis erunt completae, adeoque nec per priorem conceptus *simplicis*, nec per posteriorem conceptus *totius* emerget, nisi utraque tempore finito et assignabili absolvi possit.

Quoniam vero in *quanto continuo regressus* a toto ad partes dabiles, in *infinito* autem *progressus* a partibus ad totum datum *carent termino*, ideoque ab una parte analysis, ab altera synthesis completae sint impossibiles, nec totum in priori casu secundum leges intuitus quoad *compositionem*, nec in posteriori compositum quoad *totalitatem* complete cogitari possunt. Hinc patet, qui fiat, ut, cum *irrepraesentabile* et *impossibile* vulgo eiusdem significatus habeantur, conceptus tam *continui* quam *infiniti* a plurimis reiiciantur, quippe quorum, *secundum leges cognitionis intuitivae*, repraesentatio plane est impossibilis. Quanquam autem harum e non paucis scholis explosarum notionum,

---

[1] Vocibus analysis et synthesis duplex significatus communiter tribuitur. Nempe synthesis est vel *qualitativa*, progressus in serie *subordinatorum* a ratione ad rationatum, vel *quantitativa*, progressus in serie coordinatorum a parte data per illius complementa ad totum. Pari modo analysis, priori sensu sumpta, est regressus *a rationato ad rationem*, posteriori autem significatu regressus a *toto ad partes* ipsius *possibiles* s. mediatas, h. e.

hin aufhebt; was nämlich nach Aufhebung aller Zusammensetzung übrigbleibt, sind *einfache Dinge*. Jedoch gemäß den
Gesetzen der anschaulichen Erkenntnis geschieht dies nur
dann, d. h. alle Zusammensetzung wird nur dann aufgehoben, wenn man von dem gegebenen Ganzen aus zu *allen
möglichen Teilen* zurückschreitet, d. h. durch den Abbau[1],
welcher wiederum auf der Bedingung der Zeit beruht. Da
aber zu einem Zusammengesetzten eine *Menge* von Teilen
erfordert wird, zu einem Ganzen aber die *Allheit*, so werden weder der Abbau noch der Aufbau vollständig sein
und folglich weder durch den ersten ein Begriff des *Einfachen* noch durch den letzten ein Begriff des *Ganzen* entspringen, es sei denn, daß beides in endlicher und angebbarer Zeit vollendet werden kann.

Da nun in einem *stetigen Quantum der Rückgang* vom
Ganzen zu den angebbaren Teilen sowie im *Unendlichen*
der *Fortgang* von den Teilen zum gegebenen Ganzen *keine
Grenze* hat und daher einerseits der Abbau, andererseits der
Aufbau vollständig nicht möglich sind, so kann im ersten
Fall das Ganze hinsichtlich seiner *Komposition*, im letzteren
Fall das Zusammengesetzte hinsichtlich seiner *Totalität* nach
Gesetzen der Anschauung nicht vollständig dargestellt werden. Daher ist es — wenn man bedenkt, daß das *Unvor-
stellbare* und das *Unmögliche* gewöhnlich für gleichbedeu-
tend gehalten werden — wohl verständlich, wie es kommt,
daß die Begriffe sowohl des *Stetigen* wie auch des *Unendlichen* von den meisten verworfen werden, da ja ihre Vorstellung *nach den Gesetzen der anschaulichen Erkenntnis*
vollständig unmöglich ist. Obschon ich allerdings die Sache
dieser aus vielen Schulen ausgewiesenen Begriffe, zumal die

---

[1] Den Ausdrücken Abbau und Aufbau wird gewöhnlich eine
doppelte Bedeutung zuerteilt. Denn der Aufbau ist entweder
qualitativ: Fortschritt in der Reihe *untergeordneter Dinge* vom
Grund zur Folge, oder *quantitativ:* Fortschritt in der Reihe
nebengeordneter Dinge von einem gegebenen Teil durch seine
Ergänzungsstücke zum Ganzen. In gleicher Weise ist der Abbau im ersten Sinne genommen Rückschritt *von der Folge zum
Grunde,* in letzterer Bedeutung aber Rückschritt *vom Ganzen*
zu seinen *möglichen* oder mittelbaren *Teilen* d. h. den Teilen

praesertim prioris causam hic non gero[2], maximi tamen
momenti erit monuisse: gravissimo illos errorelabi, qui tam per-
versa argumentandi ratione utuntur. Quicquid enim *repugnat*
legibus intellectus et rationis, utique est impossibile; quod
autem, cum rationis purae sit obiectum, legibus cognitionis
intuitivae tantummodo *non subest,* non item. Nam hic dis-
sensus inter facultatem *sensitivam* et *intellectualem* (quarum
indolem mox exponam) nihil indigitat, nisi, *quas mens ab
intellectu acceptas fert ideas abstractas, illas in concreto*

---

partium partes, adeoque non est divisio, sed *subdivisio* compositi dati. Tam synthesin quam analysin posteriori tantum
significatu hic sumimus.

[2] Qui infinitum mathematicum actuale reiiciunt, non admodum
gravi labore funguntur. Confingunt nempe talem infiniti definitionem, ex qua contradictionem aliquam exsculpere possint.
Infinitum ipsis dicitur: *quantum, quo maius est impossibile,*
et mathematicum: est multitudo (unitatis dabilis), qua maior est
impossibilis. Quia autem hic pro *infinito* ponunt *maximum,*
maxima autem multitudo est impossibilis, facile concludunt
contra infinitum a semet ipsis confictum. Aut' multitudinem
infinitam vocant *numerum infinitum,* et hunc absonum esse
docent, quod utique est in propatulo, sed quo non pugnatur
nisi cum umbris ingenii. Si vero infinitum mathematicum con-
ceperint ceu quantum, quod relatum ad mensuram tanquam
unitatem est *multitudo omni numero maior,* si porro notassent,
mensurabilitatem hic tantum denotare relationem ad modulum
intellectus humani, per quem, nonnisi successive addendo
unum uni, *ad conceptum multitudinis definitum* et, absolvendo
hunc progressum tempore finito, ad *completum,* qui vocatur
numerus, pertingere licet: luculenter perspexissent, quae non
congruunt cum certa lege cuiusdam subiecti, non ideo omnem
intellectionem excedere, cum, qui absque successiva applicatione
mensurae multitudinem uno obtutu distincte cernat, dari possit
intellectus, quanquam utique non humanus.

des ersteren hier nicht vertrete[2], wird es doch von äußerster Wichtigkeit sein, daran zu erinnern, daß diejenigen in den schlimmsten Irrtum verfallen, die eine so verkehrte Art der Begründung gebrauchen. Was nämlich den Gesetzen des Verstandes und der Vernunft *widerstreitet*, das ist absolut unmöglich; was aber, wenn es ein Gegenstand der reinen Vernunft ist, nur den Gesetzen der anschaulichen Erkenntnis *nicht unterliegt*, ist das keineswegs. Denn diese Mißhelligkeit zwischen dem *sinnlichen* und dem *intellektuellen* Vermögen (deren Natur ich alsbald erläutern werde) *zeigt nur an, daß der Geist jene abstrakten Ideen, die er*

---

der Teile, und ist daher nicht eine Teilung sondern eine *Unterteilung* eines gegebenen Zusammengesetzten. Sowohl den Aufbau wie den Abbau nehmen wir hier nur in der letzteren Bedeutung.

[2] Die Leute, die das aktuelle mathematische Unendliche verwerfen, machen sich nicht sehr viel Arbeit. Sie bilden nämlich eine solche Definition des Unendlichen, aus der sie einen Widerspruch heraussagen können. *Unendlich* heißt ihnen ein *Quantum, im Verhältnis zu dem ein größeres unmöglich ist,* und mathematisches Unendlich eine Menge (von angebbarer Einheit), im Verhältnis zu der eine größere unmöglich ist. Weil sie aber hier anstelle des *Unendlichen* das *Größtmögliche* setzen, eine größtmögliche Menge aber unmöglich ist, widerlegen sie leicht dies von ihnen selbst gebildete Unendliche. Andernfalls nennen sie die unendliche Menge eine *unendliche Anzahl* und lehren, daß diese absurd sei, was klar auf der Hand liegt, wobei man aber nur mit Hirngespinsten kämpft. Wenn sie hingegen das mathematisch-Unendlich verstanden hätten als ein Quantum, welches bezogen auf ein Maß als Einheit eine *Menge, die größer ist als jede Zahl,* ist, und wenn sie weiter bemerkt hätten, daß die *Meßbarkeit* hier nur die Relation zum Fassungsvermögen des menschlichen Intellekts bezeichnet, demgemäß er nur durch sukzessive Addition von einem zu einem *zum bestimmten Begriffe einer Menge* und, indem er diesen Progreß in endlicher Zeit vollendet, zu einem *vollständigen solchen Begriff,* der da *Anzahl* genannt wird, gelangen kann, so hätten sie leicht durchschaut, daß das, was nicht mit einem bestimmten Gesetze eines gewissen Subjekts übereinstimmt, deswegen nicht alle mögliche Erkennbarkeit überschreitet, daß es einen Intellekt geben kann, der ohne sukzessive Anwendung eines Maßes eine Menge in einer Anschauung deutlich erkennte, obwohl dies gewiß nicht ein menschlicher Verstand wäre.

exsequi et in intuitus commutare saepenumero non posse.
Haec autem reluctantia *subiectiva* mentitur, ut plurimum,
repugnantiam aliquam *obiectivam*, et incautos facile fallit,
limitibus, quibus mens humana circumscribitur, pro iis
habitis, quibus ipsa rerum essentia continetur.

Ceterum compositis substantialibus sensuum testimonio
aut utcunque aliter datis, dari tam simplicia quam mundum, cum facile patescat, argumento ab intellectus rationibus deprompto: in definitione nostra causas etiam in subiecti indole contentas digito monstravi, ne notio mundi
videatur mere arbitraria et, ut fit in mathematicis, ad de-
ducenda tantum inde consectaria conficta. Nam mens, in
conceptum compositi, tam resolvendo quam componendo,
intenta, in quibus tam a priori quam a posteriori parte
acquiescat, terminos sibi exposcit et praesumit.

§ 2

Momenta, in mundi definitione attendenda, haec sunt:

1. MATERIA (in sensu transscendentali) h. e. *partes,* quae
hic sumuntur esse *substantiae.* Poteramus consensus nostrae
definitionis cum significatu vocis communi plane esse in-
curii, cum non sit nisi veluti quaestio quaedam problematis,
secundum leges rationis oborti: quipote plures substantiae
possint coalescere in unum, et quibus condicionibus nitatur,
ut hoc unum non sit pars alterius. Verum vis vocis mundi,
quatenus usu vulgari celebratur, ultro nobis occurrit. Nemo
enim *accidentia,* tanquam *partes,* accenset *mundo,* sed,
tanquam *determinationes, statui.* Hinc mundus sic dictus

vom Verstand befruchtet, besitzt, sehr oft im Einzelfall nicht darstellen und in Anschauungen verwandeln kann. Dieser *subjektive* Gegensatz spiegelt nun, wie meistens, einen *objektiven* Widerstreit vor und täuscht Unvorsichtige leicht, indem er sie die Grenzen, die den menschlichen Geist einschränken, für solche des Wesens der Dinge selber halten läßt.

Es leuchtet übrigens durch eine von Vernunftgründen genommene Beweisart leicht ein, daß es, wenn zusammengesetzte Substanzen nach dem Zeugnis der Sinne oder sonstwie gegeben sind, sowohl Einfaches wie eine Welt gibt; und daher habe ich in meiner Definition auch auf die in der Naturanlage des Subjekts liegenden Gründe hingewiesen, damit der Begriff der Welt nicht bloß als ein willkürlicher und, wie in der Mathematik üblich, nur zum Zweck der Ableitung von Folgerungen erdichteter Begriff erscheint. Nämlich: Wenn der Geist auf den Begriff des Zusammengesetzten gerichtet ist, sowohl auflösend wie zusammenfügend, fordert er für sich Fixpunkte, an denen er sowohl am Anfang wie am Ende stillstehen kann, und setzt solche Grenzen voraus.

§ 2

Die Hauptpunkte, die bei der Definition der Welt zu beachten sind, sind folgende:

I. Ihre MATERIE (in transcendentaler oder ontologischer Bedeutung), nämlich ihre *Bestandteile,* die hier als *Substanzen* genommen werden. Wir konnten bezüglich der Übereinstimmung unserer Definition mit der gemeinen Wortbedeutung ganz unbesorgt sein, da sie nichts anderes ist als gleichsam eine gewisse Problemstellung auf Grund der Gesetze der Vernunft: wie nämlich mehrere Substanzen sich zu Einem zusammenfügen können und auf welchen Bedingungen es beruht, daß diese Eine nicht Teil eines Anderen sei. Aber die Bedeutung des Wortes Welt im gewöhnlichen Gebrauch kommt uns noch überdies entgegen. Niemand rechnet nämlich die *Akzidenzen* der *Welt* als ihre *Teile* zu, sondern als ihre *Bestimmungen* ihrem *Zustande.*

egoisticus, qui absolvitur unica substantia simplici cum
suis accidentibus, parum apposite vocatur mundus, nisi
forte imaginarius. Eandem ob causam ad totum mundanum
non licet seriem successivorum (nempe statuum) tanquam
partem referre; modificationes enim *non* sunt *partes* subiecti, sed *rationata.* Tandem naturam substantiarum, quae
mundum constituunt, utrum sint *contingentes* an necessariae, in censum hic non vocavi, nec talem determinationem
gratis in definitione recondo, postmodum, ut fit, eandem
speciosa quadam argutandi ratione indidem depompturus,
sed contingentiam e condicionibus hic positis abunde concludi posse postea docebo.

    II. FORMA, quae consistit in substantiarum *coordinatione,*
non subordinatione. *Coordinata* enim se invicem respiciunt
ut complementa ad totum, *subordinata* ut causatum et
causa, s. generatim ut principium et principiatum. Prior
relatio est reciproca et *homonyma,* ita, ut quodlibet corre-
latum alterum respiciat ut determinans, simulque ut deter-
minatum, posterior est *heteronyma,* nempe ab una parte
nonnisi dependentiae, ab altera causalitatis. Coordinatio
haec concipitur ut *realis* et obiectiva, non ut idealis et subiecti mero arbitrio fulta, per quod, multitudinem quamlibet pro lubitu summando, effingas totum. Plura enim
complectendo nullo negotio efficis *totum repraesentationis,*
non ideo autem *repraesentationem totius.* Ideo, si forte sint
quaedam substantiarum tota, nullo sibi nexu devincta,
complexus illorum, per quem mens multitudinem cogit in
unum ideale, nihil amplius loqueretur, nisi pluralitatem
mundorum una cogitatione comprehensorum. Nexus autem,

Daher wird die sogenannte Welt des *Solipsisten*, die durch eine einzige einfache Substanz mit ihren Akzidenzen gebildet wird, sehr unpassend Welt genannt, es sei denn etwa eine eingebildete. Aus demselben Grunde ist es nicht recht, die Reihe des Aufeinanderfolgenden (nämlich der Zustände) auf das Weltganze im Sinne eines Teiles desselben zu beziehen; die inneren Veränderungen sind nämlich *nicht Teile* des Gegenstandes, sondern *Folgen* desselben. Übrigens habe ich hier die Natur der Substanzen, die eine Welt bilden, unbestimmt gelassen, nämlich ob sie *zufällig* oder notwendig existierende Substanzen sind, und stecke eine dahingehende Bestimmung nicht einfach in die Definition, um sie danach, wie es zu geschehen pflegt, mit glanzvoller Geschwätzigkeit wieder herauszuholen, sondern ich werde später zeigen, wie die Zufälligkeit — der Substanzen, die eine Welt ausmachen — aus den hier gesetzten Bedingungen sicher geschlossen werden kann.

II. Ihre FORM, die in der *Zusammenordnung*, nicht Unterordnung der Substanzen besteht. Das *Zusammengeordnete* bezieht sich nämlich aufeinander wie Ergänzungsstücke zum Ganzen, das *Untergeordnete* wie das Verursachte zur Ursache, oder allgemein wie die Quelle und das Abgeleitete. Das erste Verhältnis ist *symmetrisch*, derart, daß jedes Glied sich auf das andere als bestimmend und gleichzeitig bestimmt bezieht, das zweite *unsymmetrisch*, nämlich von der einen Seite nur ein Verhältnis der Abhängigkeit, von der anderen nur eines der Verursachung. Die Zusammenordnung wird hier als *real* und objektiv verstanden, nicht als ideal und auf das bloße Belieben des Subjekts gestützt, wie man sich, indem man irgendeine Menge nach Belieben aufsummiert, ein Ganzes verschaffen könnte; denn dadurch daß man mehreres zusammenfaßt, bildet man sich mühelos ein *Ganzes der Vorstellung*, aber deswegen nicht schon die *Vorstellung des an sich Ganzen*. Wenn es daher etwa einige aus Substanzen bestehende Ganzheiten gäbe, die in keiner Verknüpfung miteinander stehen, so würde der Inbegriff derselben, mittels dessen der Geist diese Menge in eine ideale Einheit zwingt, nichts weiter besagen, als eine Vielheit von Welten, die in einem Gedanken zusammengefaßt

formam mundi *essentialem* constituens, spectatur ut principium *influxuum possibilium* substantiarum mundum constituentium. Actuales enim influxus non pertinent ad essentiam, sed ad statum, et vires ipsae transeuntes, influxuum causae, supponunt principium aliquod, per quod possibile sit, ut
status plurium, quorum subsistentia ceteroquin est a se invicem independens, se mutuo respiciant ut rationata; a quo
principio si discesseris, vim transeuntem in mundo ut possibilem sumere non licet. Et haec quidem *forma* mundo
essentialis propterea est *immutabilis* neque ulli vicissitudini
obnoxia; idque primo ob *rationem logicam,* quia mutatio
quaelibet supponit identitatem subiecti, succedentibus sibi
invicem determinationibus. Hinc mundus, per omnes status
sibi successivos idem manens mundus, eandem tuetur formam fundamentalem. Nam ad identitatem totius non suffi-
cit identitas *partium,* sed requiritur *compositionis* characteri-
sticae identitas. Potissimum autem idem e *ratione reali*
sequitur. Nam natura mundi, quae est principium primum
internum determinationum variabilium quorumlibet ad statum ipsius pertinentium, quoniam ipsa sibi non potest esse
opposita, naturaliter, h. e. a se ipsa, est immutabilis; adeoque datur in mundo quolibet forma quaedam naturae ipsius
accensenda, constans, invariabilis, ceu principium perenne
formae cuiuslibet contingentis et transitoriae, quae pertinet
ad mundi statum. Qui hanc disquisitionem insuper habent,
frustrantur conceptibus *spatii ac temporis,* quasi condicionibus per se iam datis atque primitivis, quārum ope, scili-
cet, absque ullo alio principio, non solum possibile sit, sed
et necessarium, ut plura actualia se mutuo respiciant uti
compartes et constituant totum. Verum mox docebo, has
notiones plane non esse *rationales* atque ullius nexus *ideas*
obiectivas, sed *phaenomena,* et testari quidem principium

sind. Die Verknüpfung aber, die die *wesentliche* Form der Welt ausmacht, wird als Quelle der *möglichen Einflüsse* der die Welt bildenden Substanzen angesehen. Denn die faktischen Einflüsse gehören nicht zum Wesen, sondern zum Zustand, und die nach außen wirkenden Kräfte selbst, die Ursachen der Einflüsse, setzen irgendeinen Sachgrund voraus, durch den es möglich ist, daß die Zustände mehrerer Dinge, deren Substanz im übrigen voneinander unabhängig ist, sich wechselseitig aufeinander als Folgen beziehen; einen Sachgrund, ohne den man eine nach außen wirkende Kraft in der Welt nicht als möglich annehmen kann. Und diese der Welt *wesentliche Form* ist deswegen auch *unveränderlich* und keinem Wechsel unterworfen, und zwar erstens aus einem *logischen Grunde,* weil jede Veränderung die Identität des Dinges beim Wechsel seiner Bestimmungen voraussetzt. Deswegen bewahrt die Welt als die durch alle ihre einander folgenden Zustände hindurch mit sich identisch bleibende Welt dieselbe Grundform. Denn zur Identität eines Ganzen genügt nicht die Identität seiner *Teile,* sondern wird auch die Identität seiner charakteristischen *Verbindung* erfordert. Vor allem aber folgt es aus einem *Realgrunde.* Denn die Natur der Welt, die der erste innere Quell irgendwelcher wechselnden Bestimmungen, die zu ihrem Zustand gehören, ist, kann sich ja nicht selbst entgegengesetzt sein und ist daher naturnotwendig, d. h. von sich aus unveränderlich; daher gibt es in jeder Welt eine ihrer Natur zuzurechnende Form, die beharrlich und unveränderlich ist als der ewige Quell jeder zufälligen und vorübergehenden Form, die zum Zustand der Welt gehört. Diejenigen, die diese Untersuchungen für überflüssig halten, werden durch die Begriffe von *Raum und Zeit* getäuscht, die sie für an sich bestehende und ursprüngliche Bedingungen halten, auf Grund derer, d. h. ohne irgend einen anderen Quell, es nicht bloß möglich, sondern sogar notwendig sei, daß mehrere wirkliche Dinge sich wechselseitig wie Ergänzungsstücke aufeinander beziehen und ein Ganzes bilden. Aber ich werde bald zeigen, daß diese Begriffe gar keine *Vernunftbegriffe* und objektive *Ideen* irgendeiner Verknüpfung sind, sondern *Schaustücke der Sinnlichkeit* und

aliquod nexus universalis commune, non autem exponere.

III. UNIVERSITAS, quae est omnitudo compartium *absoluta.*
Nam respectu ad compositum aliquod *datum* habito, quanquam illud adhuc sit pars alterius, tamen semper obtinet
omnitudo quaedam *comparativa,* nempe partium ad illud
quantum pertinentium. Hic autem, quaecunque se invicem
ut compartes ad totum *quodcunque* respiciunt, coniunctim
posita intelliguntur. *Totalitas* haec absoluta, quanquam conceptus quotidiani et facile obvii speciem prae se ferat,
praesertim cum negative enuntiatur, sicuti fit in definitione,
tamen penitius perpensa crucem figere philosopho videtur.
Nam statuum universi in *aeternum* sibi succedentium *nunquam absolvenda series* quomodo redigi possit in *totum,*
omnes omnino vicissitudines comprehendens, aegre concipi
potest. Quippe per infinitudinem ipsam necesse est, ut
careat *termino,* ideoque non datur succedentium series, nisi
quae est pars alterius, ita, ut eandem ob causam completu-
do omnimoda s. *totalitas absoluta* hinc plane exsulare videatur. Quanquam enim notio partis universaliter sumi possit,
et, quaecunque sub hac notione continentur, si posita
spectentur in eadem serie, constituant unum: tamen omnia
illa *simul sumenda esse* per conceptum *totius* exigi videtur;
quod in casu dato est impossibile. Nam quoniam toti seriei
nihil succedit, posita autem successivorum serie non datur,
cui nihil succedat, nisi ultimum: erit in aeternitate ultimum;
quod est absonum. Quae infiniti successivi totalitatem pre-
mit difficultas, ab *infinito simultaneo* abesse forsitan quis-
quam putaverit, propterea, quod *simultaneitas* complexum

daß sie zwar irgendeinen gemeinschaftlichen Quell einer
allgemeinen Verknüpfung bezeugen, aber ihn nicht bestimmen.
    III. Ihre GESAMTHEIT, die die *unbedingte* Allheit der zu-
sammengehörigen Teile ist. Denn hinsichtlich eines beliebigen *gegebenen* Zusammengesetzten, mag es ferner auch
noch der Teil eines anderen sein, findet allemal eine gewisse *komparative* Allheit statt, nämlich die der zu jenem
Quantum gehörigen Teile. Hier aber wird alles, was sich
auch immer wechselweise aufeinander als zusammengehörige
Teile in Beziehung auf *irgendein* Ganzes, welches auch immer, bezieht, als vereinigt existierend angesehen. Diese unbedingte *Ganzheit* hat zwar den Anschein eines alltäglichen
und naheliegenden faßlichen Begriffs für sich, zumal wenn
sie negativ ausgedrückt wird, wie es in der Definition geschieht, aber bei näherer Erwägung erweist sie sich vielmehr als ein Kreuz für den Philosophen. Denn wie die
Reihe der in *Ewigkeit* sich folgenden Zustände der Welt,
die *niemals vollendet* werden kann, zu einem *Ganzen,* das
allen Wechsel überhaupt in sich befaßt, gemacht werden
kann, läßt sich schwer verstehen. Da es eben wegen der
Unendlichkeit notwendig ist, daß sie ohne *Grenze* sei, gibt
es deswegen keine Reihe aufeinander folgender Zustände,
die nicht der Teil einer anderen wäre, so daß eben aus diesem Grunde für eine allseitige Vollendung oder *unbedingte*
Ganzheit kein Raum zu sein scheint. Obwohl nämlich der
Begriff des Teils allgemein genommen werden kann und
was auch immer unter diesen Begriff fällt, wenn es in eine
und dieselbe Reihe gesetzt betrachtet wird, Eines ausmacht,
so scheint doch durch den Begriff des *Ganzen* erfordert zu
sein, daß alles jenes vielmehr *zugleich genommen* werde:
was im gegebenen Falle unmöglich ist. Denn weil der ganzen Reihe nichts folgt, bei Setzung einer Reihe von ˈAufein-
anderfolgendem es aber nichts gibt, dem nichts folgt, außer
dem Letzten, so wird es in der Ewigkeit ein Letztes geben,
was absurd ist. Vielleicht möchte man glauben, daß diese
Schwierigkeit, die die Totalität des Sukzessiv-Unendlichen
drückt, beim Gleichzeitig-Unendlichen fehle, weil nämlich die *Gleichzeitigkeit* die Umfassung *von allem zu einer*

omnium eodem tempore diserte profiteri videatur. Verum
si infinitum simultaneum admittatur, concedenda etiam est
totalitas infiniti successivi, posteriori autem negata, tollitur
et prius. Nam infinitum simultaneum inexhaustam aeter-
nitati materiam praebet, ad successive progrediendum per
innumeras eius partes in infinitum, quae tamen series omnibus numeris absoluta actu daretur in infinito simultaneo,
ideoque, quae successive addendo nunquam est absolvenda
series, tamen *tota* esset dabilis. Ex hac spinosa quaestione
semet extricaturus notet: tam successivam quam simultaneam plurium coordinationem (quia nituntur conceptibus
temporis) non pertinere ad conceptum *intellectualem* totius,
sed tantum ad condiciones *intuitus sensitivi;* ideoque,
etiamsi non sint sensitive conceptibiles, tamen ideo non
cessare esse intellectuales. Ad hunc autem conceptum suffi-
cit: dari quomodocunque coordinata et omnia cogitari tanquam pertinentia ad unum.

und derselben Zeit ausdrücklich auszusagen scheint. Aber
wenn ein Gleichzeitig-Unendliches zugestanden wird, dann
muß auch die Totalität des Sukzessiv-Unendlichen eingeräumt werden, und mit der Aufhebung des letzteren wird
auch das erstere aufgehoben; denn das Gleichzeitig-Un-
endliche bietet der Ewigkeit eine unerschöpfliche Mannigfaltigkeit, um durch ihre unzähligen Teile ins Unendliche
fortzuschreiten, gleichwohl aber würde diese Reihe vollzäh-
lig in dem Gleichzeitig-Unendlichen aktuell gegeben, und
also wäre eine Reihe, die durch sukzessive Addition niemals
zu vollenden ist, dennoch *ganz* gebbar. Will man sich von
dieser dornigen Problematik befreien, beachte man dies,
daß sowohl die sukzessive wie die gleichzeitige Zusammenordnung von Vielem, weil sie auf Zeitbegriffe gegründet
sind, nicht zum *Verstandesbegriffe* des Ganzen gehören,
sondern nur zu den Bedingungen der *sinnlichen Anschauung;* wenn sie daher auch nicht selber auf sinnliche Art begreiflich sind, so hören sie deswegen doch nicht auf, Verstandesbegriffe zu sein. Zu diesem Begriffe aber genügt es,
daß es irgendwie Zusammengeordnetes gibt und daß alles
als zu Einem gehörig gedacht werde.

SECTIO II

De sensibilium atque intelligibilium discrimine generatim

§ 3

Sensualitas est *receptivitas* subiecti, per quam possibile est, ut status ipsius repraesentativus obiecti alicuius praesentia certo modo afficiatur. *Intelligentia* (rationalitas) est *facultas* subiecti, per quam, quae in sensus ipsius per qualitatem suam incurrere non possunt, repraesentare valet. Obiectum sensualitatis est sensibile; quod autem nihil continet, nisi per intelligentiam cognoscendum, est intelligibile. Prius scholis veterum *phaenomenon*, posterius *noumenon* audiebat. Cognitio, quatenus subiecta est legibus sensualitatis, est *sensitiva*, intelligentiae est *intellectualis* s. rationalis.

§ 4

Cum itaque, quodcunque in cognitione est sensitivi, pendeat a speciali indole subiecti, quatenus a praesentia obiectorum huius vel alius modificationis capax est, quae, pro varietate subiectorum, in diversis potest esse diversa; quaecunque autem cognitio a tali condicione subiectiva exempta est, nonnisi obiectum respiciat: patet, sensitive cogitata esse rerum repraesentationes, *uti apparent,* intellectualia autem, *sicuti sunt.* Repraesentationi autem sensus primo inest quid-

II. ABSCHNITT

Über den Unterschied der Sinnendinge und Verstandeswesen im allgemeinen

§ 3

Sinnlichkeit ist die *Empfänglichkeit* eines Subjekts, durch
die es möglich ist, daß sein Vorstellungszustand durch die
Gegenwart irgendeines Objekts auf bestimmte Weise be-
troffen wird. Der *Verstand* oder die Vernunft ist das *Vermögen* eines Subjekts, kraft dessen es das, was in seine
Sinne wegen seiner eigentümlichen Beschaffenheit nicht fallen kann, vorzustellen vermag. Der Gegenstand der Sinnlichkeit ist das Sinnending; was aber nichts enthält als was
durch den bloßen Verstand erkannt werden muß, ist das
Verstandeswesen. Ersteres hieß in den Schulen der Alten:
Phänomenon, letzteres: *Noumenon*. Die Erkenntnis, soweit
sie den Gesetzen der Sinnlichkeit unterworfen ist, ist die
„sinnliche", die des Verstandes ist die *„Verstandeserkennt-
nis"* oder die rationale.

§ 4

Da also alles, was es in der Erkenntnis an sinnlicher Erkenntnis gibt, von der besonderen Beschaffenheit des Subjekts, sofern es auf Grund der Gegenwart von Objekten für
diese oder jene Modifikation empfänglich ist, abhängt, einer
Beschaffenheit, die nach Maßgabe der Mannigfaltigkeit der
Subjekte in verschiedenen verschieden sein kann, da ferner
aber diejenige Erkenntnis, die von solcher subjektiven Bedingung frei ist, geradezu auf das Objekt geht, so ist klar:
Die sinnlichen Erkenntnisse sind nur Vorstellungen der
Dinge, *wie sie erscheinen*, die Verstandeserkenntnisse aber
Vorstellungen der Dinge, *wie sie sind*. In der Sinnesvorstel-

dam, quod diceres *materiam*, nempe *sensatio*, praeterea
autem aliquid, quod vocari potest *forma*, nempe sensibilium
species, quae prodit, quatenus varia, quae sensus afficiunt,
naturali quadam animi lege coordinantur. Porro, quemadmodum sensatio, quae sensualis repraesentationis *materiam* constituit, praesentiam quidem sensibilis alicuius arguit, sed
quoad qualitatem pendet a natura subiecti, quatenus ab
isto obiecto est modificabilis; ita etiam eiusdem repraesentationis *forma* testatur utique quendam sensorum respec-
tum aut relationem, verum proprie non est adumbratio aut
schema quoddam obiecti, sed nonnisi lex quaedam menti
insita, sensa ab obiecti praesentia orta sibimet coordinandi.
Nam per formam seu speciem obiecta sensus non feriunt;
ideoque, ut varia obiecti sensum afficientia in totum aliquod
repraesentationis coalescant, opus est interno mentis principio, per quod varia illa secundum stabiles et innatas leges
speciem quandam induant.

§ 5

Ad sensualem itaque cognitionem pertinet tam materia,
quae est sensatio, et per quam cognitiones dicuntur *sensuales*, quam forma, per quam, etiamsi reperiatur absque
omni sensatione, repraesentationes vocantur *sensitivae*.
Quod ab altera parte attinet *intellectualia*, ante omnia
probe notandum est, usum intellectus s. superioris animae
facultatis esse duplicem: quorum priori *dantur* conceptus
ipsi vel rerum vel respectuum, qui est USUS REALIS;
posteriori autem undecunque dati sibi tantum *subordinan-*

lung liegt aber zunächst etwas, was man ihren *Stoff* nennen könnte, nämlich die *Empfindung*, außerdem aber etwas, was man als ihre *Form* bezeichnen kann, nämlich das *Bild* der Sinnendinge, das sich zeigt, sofern das Mannigfaltige, was die Sinne trifft, auf Grund eines gewissen Naturgesetzes der Seele zusammengeordnet wird. Ferner, wie die Empfindung, die den *Stoff* der sinnlichen Vorstellung abgibt, zwar die Gegenwart irgendeines Sinnendinges bezeugt, aber ihrer Beschaffenheit nach von der Natur des Subjekts, insofern es von jenem Objekt modifizierbar ist, abhängt, so zeugt auch die *Form* ebenderselben Vorstellung allerdings von irgendeiner Beziehung oder irgendeinem Verhältnis des Empfundenen, aber sie ist nicht eigentlich ein Umriß oder Schema des Objekts, sondern nur ein dem Geiste innewohnendes Gesetz, das auf Grund der Gegenwart eines Objekts Empfundene für sich zusammenzuordnen. Denn mit der bloßen Form oder dem Anschein treffen die Objekte die Sinne nicht; daher bedarf es, damit das Mannigfaltige eines Objekts,was den Sinn trifft, in ein Vorstellungsganzes sich vereinigt, eines eigenen Magazins des Geistes, aus dem jenes Mannigfaltige nach beständigen und eingeborenen Gesetzen in ein gewisses *Bild* gekleidet wird.

§ 5

Zur sinnlichen Erkenntnis gehören sowohl die Materie, nämlich die Empfindung, im Hinblick auf die die Erkenntnisse im eigentlichen Sinn *sinnlich (sensuell)* genannt werden, wie auch die Form, im Hinblick worauf, selbst wenn sie frei von aller Empfindung vorkommt, die Vorstellungen *sinnlich im weiteren Sinne (sinnenhaft, sensitiv)* genannt werden. Was andererseits die *intellektuellen* Erkenntnisse anlangt, so muß vor allem recht beachtet werden, daß der Gebrauch des Verstandes oder des oberen Seelenvermögens zwiefach ist: einer, durch den Begriffe selber, sei es von Dingen, sei es von Verhältnissen, *gegeben* werden, der sogenannte REALE VERSTANDESGEBRAUCH, und ein anderer, durch den der irgendwoher gegebene Begriffe nur einander

tur, inferiores nempe superioribus (notis communibus) et
conferuntur inter se secundum princ. contrad., qui USUS
dicitur LOGICUS. Est autem USUS intellectus logicus omnibus
scientiis communis, realis non item. Data enim quomodocunque cognitio spectatur vel contenta sub nota pluribus
communi, vel illi opposita, idque vel immediate et proxime,
ut fit in *iudiciis* ad distinctam, vel mediate, ut in *ratiociniis*
ad adaequatam cognitionem. Datis igitur cognitionibus
sensitivis, per usum intellectus logicum sensitivae subordi-
nantur aliis sensitivis, ut conceptibus communibus, et phaenomena legibus phaenomenorum generalioribus. Maxime
autem momenti hic est, notasse, cognitiones semper haben-
das esse pro sensitivis, quantuscunque circa illas intellectui
fuerit usus logicus. Nam vocantur sensitivae *propter genesin,* non ob *collationem* quoad identitatem vel oppositio-
nem. Hinc generalissimae leges empiricae sunt nihilo secius
sensuales et, quae in geometria reperiuntur, formae sensitivae principia (respectus in spatio determinati), quantumcunque intellectus circa illa versetur, argumentando e sensitive datis (per intuitum purum) secundum regulas logicas,
tamen non excedunt sensitivorum classem. In sensualibus
autem et phaenomenis id, quod antecedit usum intellectus
logicum, dicitur *apparentia,* quae autem apparentiis pluribus per intellectum comparatis oritur cognitio reflexa, vocatur *experientia.* Ab apparentia itaque ad experientiam via
non est, nisi per reflexionem secundum usum intellectus
logicum. Experientiae conceptus communes dicuntur *empirici,* et obiecta *phaenomena,* leges autem tam experientiae
quam generatim omnis cognitionis sensitivae vocantur leges
phaenomenorum. Conceptus itaque empirici per reductio-

untergeordnet, nämlich niedere Begriffe den höheren (den gemeinsamen Merkmalen), und untereinander gemäß dem Prinzip des Widerspruchs verglichen werden: der sogenannte LOGISCHE VERSTANDESGEBRAUCH. Der logische Verstandesgebrauch ist allen Wissenschaften gemeinsam, der reale nicht. Denn eine jede irgendwoher gegebene Erkenntnis wird entweder als unter einem Merkmal, das mehreren gemein ist, enthalten oder ihm entgegengesetzt angesehen, und dies entweder unmittelbar und zunächst in *Urteilen* zur deutlichen Erkenntnis oder mittelbar — in *Schlüssen* — zur vollständigen Erkenntnis. Wenn also sinnliche Erkenntnisse gegeben sind, werden durch den logischen Verstandesgebrauch sinnliche Erkenntnisse anderen sinnlichen Erkenntnissen als allgemeinen Begriffen untergeordnet und die Phänomene den allgemeineren Gesetzen wiederum der Phänomene. Es ist hier von der größten Bedeutung zu bemerken, daß die Erkenntnisse immer für sinnlich zu halten sind, wie groß auch das Geschäft des logischen Verstandesgebrauchs in Anwendung auf sie gewesen ist. Denn sie werden sinnlich genannt *wegen ihres Ursprungs*, nicht wegen der *Vergleichung* auf Identität oder Widerstreit. Daher sind die allgemeinsten empirischen Gesetze nichtsdestotrotz sinnliche Erkenntnisse, und die Prinzipien der sinnlichen Form, die in der Geometrie gefunden werden (die im Raum bestimmten Verhältnisse), überschreiten niemals die Klasse der sinnlichen Prinzipien, wie sehr auch der Verstand sie bearbeiten mag, indem er aus den (durch reine Anschauung) sinnlich gegebenen Daten gemäß logischen Regeln Schlüsse zieht. Was bei den sinnlichen (sensuellen) Erkenntnissen und den Phänomenen dem logischen Verstandesgebrauch vorhergeht, heißt *Erscheinung*, die diskursive Erkenntnis, die aus der Vergleichung mehrerer Erscheinungen durch den Verstand entsteht, heißt *Erfahrung*. Von der Erscheinung also zur Erfahrung gibt es keinen Weg als die Überlegung gemäß dem logischen Verstandesgebrauch. Die Gemeinbegriffe der Erfahrung heißen *empirisch* und die Objekte *Phänomene*, die Gesetze aber sowohl der Erfahrung wie allgemein jeder sinnenhaften (sensitiven) Erkenntnis heißen Gesetze der Phänomene. Die empirischen Begriffe

nem ad maiorem universalitatem non fiunt intellectuales in *sensu reali*, et non excedunt speciem cognitionis sensitivae, sed, quousque abstrahendo adscendant, sensitivi manent in indefinitum.

§ 6

Quod autem intellectualia stricte talia attinet, in quibus *usus intellectus* est *realis*, conceptus tales tam obiectorum quam respectuum dantur per ipsam naturam intellectus, neque ab ullo sensuum usu sunt abstracti, nec formam ullam continent cognitionis sensitivae, qua talis. Necesse autem hic est, maximam ambiguitatem vocis *abstracti* notare, quam, ne nostram de intellectualibus disquisitionem maculet, antea abstergendam esse satius duco. Nempe proprie dicendum esset: *ab aliquibus abstrahere*, non *aliquid abstrahere*. Prius denotat, quod in conceptu quodam ad alia quomodocunque ipsi nexa non attendamus; posterius autem, quod non detur, nisi in concreto et ita, ut a coniunctis separetur. Hinc conceptus intellectualis *abstrahit* ab omni sensitivo, *non abstrahitur* a sensitivis, et forsitan rectius diceretur *abstrahens* quam *abstractus*. Quare intellectuales consultius est *ideas puras*, qui autem empirice tantum dantur conceptus, *abstractos* nominare.

§ 7

Ex hisce videre est, sensitivum male exponi per *confusius* cognitum, intellectuale per id, cuius est cognitio *distincta*.

werden daher durch Reduktion zu größerer Allgemeinheit
nicht intellektuell im *realen Sinne* und überschreiten dadurch nicht die Gattung der sinnhaften Erkenntnisse, sondern bleiben, wie hoch sie auch durch Abstraktion steigen
mögen, jederzeit sinnenhaft.

§ 6

Was aber die Verstandeserkenntnisse im eigentlichen
Sinne anlangt, in denen der *Verstandesgebrauch real* ist, so
werden solche Vorstellungen, sei es von Objekten sei es von
Beziehungen, durch die Natur des Verstandes selber gegeben und sind weder von irgend einem Gebrauch der Sinne
abstrahiert, noch enthalten sie irgendeine Form der sinnenhaften Erkenntnis als solcher. Hier nun ist es nötig, die
große Zweideutigkeit des Wortes „*abstrakt*" zu bemerken,
die meiner Meinung nach zunächst beseitigt werden muß,
damit sie unsere Untersuchung über die intellektuellen Erkenntnisse nicht verwirrt. Eigentlich nämlich müßte man
sagen: „*von etwas abstrahieren*", nicht: „*etwas abstrahieren*". Ersteres bedeutet, daß wir bei irgendeiner Vorstellung auf anderes, das irgendwie mit ihr verknüpft ist, nicht
die Aufmerksamkeit richten, letzteres aber solches, was
in der Anschauung und zwar so, daß es von mit ihm Ver-
bundenem getrennt wird, gegeben wird. Daher *abstrahiert*
die intellektuelle Vorstellung von jeder sinnenhaften, *nicht
aber wird sie abstrahiert* von sinnenhaften Vorstellungen,
und sie würde vielleicht richtiger *abstrahierende* als *abstrakte* genannt werden. Deswegen ist es rätlicher, die intellektuellen Vorstellungen *reine Ideen* zu nennen, dagegen die
bloß empirisch gegebenen Begriffe *abstrakte* Vorstellungen.

§ 7

Hieraus ist zu ersehen, daß es verkehrt ist, das Sinnenhafte als das *verworren* Erkannte zu erklären, sowie das
Intellektuelle als die *deutliche* Erkenntnis. Denn das sind

Nam haec sunt tantum discrimina logica et quae *data,* quae omni logicae comparationi substernuntur, plane *non tangunt.* Possunt autem sensitiva admodum esse distincta et intellectualia maxime confusa. Prius animadvertimus in sensitivae cognitionis prototypo, *geometria,* posterius in intellectualium omnium organo, *metaphysica,* quae, quantum operae navet ad dispellandas, quae intellectum communem obfuscant, confusionis nebulas, quanquam non semper tam felici quam in priori fit successu, in propatulo est. Nihilo tamen secius harum cognitionum quaelibet stemmatis sui signum tuetur, ita, ut priores, quantumcunque distinctae, ob originem vocentur sensitivae, posteriores, utut confusae, maneant intellectuales, quales v. g. sunt conceptus *morales,* non experiundo, sed per ipsum intellectum purum cogniti. Vereor autem, ne Ill. WOLFFIUS per hoc inter sensitiva et intellectualia discrimen, quod ipsi non est nisi logicum, nobilissimum illud antiquitatis *de phaenomenorum* et *noumenorum indole* disserendi institutum, magno philosophiae detrimento, totum forsitan aboleverit, animosque ab ipsorum indagatione ad logicas saepenumero minutias averterit.

§ 8

Philosophia autem *prima* continens *principia* usus *intellectus puri* est METAPHYSICA. Scientia vero illi *propaedeutica est,* quae discrimen docet sensitivae cognitionis ab intellectuali; cuius in hac nostra dissertatione specimen exhibemus. Cum itaque in metaphysica non reperiantur principia empirica, conceptus in ipsa obvii non quaerendi sunt in sensibus, sed in ipsa natura intellectus puri, non tanquam conceptus *connati,* sed e legibus menti insitis (attendendo ad eius ac-

nur logische Unterschiede, nämlich solche, die die *Daten*, die aller logischen Vergleichung zugrundeliegen, überhaupt *nicht berühren*. Es können nämlich sinnhafte Erkenntnisse sehr deutlich und intellektuelle äußerst verworren sein. Ersteres bemerken wir in dem Muster der sinnenhaften Erkenntnis, der *Geometrie*, letzteres in der Methodenlehre aller intellektuellen Erkenntnisse, der *Metaphysik*, von der es bekannt ist, wie große Mühe sie sich gibt, die Nebel der Verworrenheit, die den gemeinen Verstand umhüllen, zu beseitigen, obwohl nicht immer mit dem gleichen Erfolg, wie ihn die Geometrie hat. Nichtdestoweniger bewahrt jede dieser Erkenntnisse gleichwohl ihr Rassenmerkmal, so daß die ersteren, so deutlich sie auch sein mögen, wegen ihres Ursprungs sinnenhaft genannt werden, die letzteren hingegen, so verworren auch immer, intellektuell bleiben, wie z. B. die *moralischen* Grundbegriffe, die nicht durch die Erfahrung, sondern durch den reinen Verstand erkannt werden. Ich fürchte aber, daß der berühmte WOLFF mittels dieses Unterschiedes zwischen den sinnenhaften und den intellektuellen Erkenntnissen, der ihm nur ein logischer Unterschied ist, jene berühmte Erörterung des Altertums *über die Natur der Phänomena und Noumena* zum großen Schaden der Philosophie vielleicht ganz in Vergessenheit gebracht und die Geister von deren Erforschung sehr oft nur auf logische Kleinlichkeiten abgelenkt hat.

§ 8

Die Philosophie, die die *ersten Prinzipien des reinen Verstandesgebrauchs* enthält, ist die METAPHYSIK. Zu ihr gehört eine *Vorbereitungswissenschaft*, die den Unterschied der sinnenhaften und der intellektuellen Erkenntnis lehrt. Von dieser tragen wir in dieser unserer Abhandlung eine Probe vor. Da also in der Metaphysik keine empirischen Prinzipien gefunden werden, so sind die in ihr vorkommenden Begriffe nicht in den Sinnen zu suchen, sondern in der Natur des reinen Verstandes selbst, jedoch nicht als *angeborene* Begriffe, sondern als solche, die aus den dem Geiste

tiones occasione experientiae) abstracti, adeoque *acquisiti.*
Huius generis sunt possibilitas, exsistentia, necessitas, substantia, causa etc. cum suis oppositis aut correlatis; quae
cum nunquam ceu partes repraesentationem ullam sensualem ingrediantur, inde abstrahi nullo modo potuerunt.

§ 9

Intellectualium duplex potissimum finis est: prior *elenc-*
ticus, per quem negative prosunt, quando nempe sensitive
concepta arcent a noumenis, et, quanquam scientiam non
provehant latum unguem, tamen eandem ab errorum con-
tagio immunem praestant. Posterior est *dogmaticus,* secundum quem principia generalia intellectus puri, qualia ex-
hibet ontologia, aut psychologia rationalis, exeunt in exemplar aliquod, nonnisi intellectu puro concipiendum et
omnium aliorum quoad realitates mensuram communem,
quod est PERFECTIO NOUMENON. Haec autem est vel in sensu
theoretico[3], vel practico talis. In priori est ens summum,
DEUS, in posteriori sensu PERFECTIO MORALIS. *Philosophia* igitur *moralis,* quatenus *principia diiudicandi* prima suppe-
ditat, non cognoscitur nisi per intellectum purum et pertinet ipsa ad philosophiam puram, quique ipsius criteria ad
sensum voluptatis aut taedii protraxit, summo iure repre-
henditur Epicurus, una cum neotericis quibusdam, ipsum
e longinquo quadamtenus secutis, uti Shaftesbury et asseclae. In quolibet autem genere eorum, quorum quantitas
est variabilis, *maximum* est mensura communis et princi-

---

[3] Theoretice aliquid spectamus, quatenus non attendimus nisi
ad ea, quae enti competunt, practice autem, si ea, quae ipsi per
libertatem inesse debebant, dispicimus.

angestammten Gesetzen (durch Aufmerksamkeit auf seine
Tätigkeiten bei Gelegenheit der Erfahrung) abstrahiert
sind und also als *erworbene* Begriffe. Von dieser Art sind
die Begriffe Möglichkeit, Wirklichkeit, Notwendigkeit, Substanz, Ursache usw. mit ihren Gegenstücken oder Korre-
laten. Da diese niemals als Teile zu irgendeiner sinnlichen
Vorstellung gehören, konnten sie auch auf keine Weise aus
ihr abstrahiert werden.

§ 9

Der Zweck der intellektuellen Erkenntnisse ist vorzüglich
ein doppelter. Der eine ist *prüfend,* und durch ihn nützen
sie nur negativ, sofern sie nämlich das sinnenhaft Vorge-
stellte von den Noumena abhalten. Und obwohl sie dadurch die Wissenschaft keinen Schritt weiterbringen, so
schützen sie sie doch vor der Ansteckung durch Irrtümer.
Der andere ist *erweiternd,* sofern durch ihn die allgemeinen Prinzipien des reinen Verstandes, die die Ontologie
oder die rationale Psychologie darbietet, hinausgeführt
werden auf irgendein Musterbild, das nur durch den reinen
Verstand vorgestellt werden kann und das gemeinsame
Maß für alles andere rücksichtlich seiner Realitäten ist. Dies
ist die VOLLKOMMENHEIT ALS NOUMENON. Diese gibt es in
doppelter Bedeutung: in theoretischer[3] und in praktischer.
In ersterer ist sie das höchste Wesen, GOTT, in letzterer die
MORALISCHE VOLLKOMMENHEIT. Die *Moralphilosophie* also,
sofern sie die ersten *Prinzipien der Beurteilung* liefert, wird
nur durch den reinen Verstand erkannt und gehört selbst
zur reinen Philosophie, und diejenigen, die ihre Kriterien
auf das Lebensgefühl gewaltsam zurückführen, werden mit
dem höchsten Recht getadelt, so Epikur, so einige Neuere,
die ihm gewissermaßen mit Abstand gefolgt sind, wie Shaftesbury und seine Anhänger. Für jede Gattung von Dingen
aber, deren Größe veränderlich ist, ist das *Maximum* das

---

[3] Theoretisch betrachten wir etwas, wenn wir nur auf das
achten, was ein Wesen ist, praktisch aber, wenn wir erwägen,
was es vermöge der Freiheit sein soll.

pium cognoscendi. *Maximum perfectionis* vocatur nunc
temporis ideale, Platoni idea (quemadmodum ipsius idea
reipublicae), et omnium, sub generali perfectionis alicuius
notione contentorum, est principium, quatenus minores
gradus nonnisi limitando maximum determinari posse cen-
sentur; Deus autem, cum ut ideale perfectionis sit principium cognoscendi, ut realiter exsistens simul est omnis omnino perfectionis principium fiendi.

§ 10

Intellectualium non datur (homini) *intuitus,* sed nonnisi
cognitio symbolica, et intellectio nobis tantum licet per
conceptus universales in abstracto, non per singularem in
concreto. Omnis enim intuitus noster adstringitur principio
cuidam formae, sub qua sola aliquid immediate, s. ut *sin-
gulare,* a mente *cerni* et non tantum discursive per conceptus generales concipi potest. Principium autem hoc formale nostri intuitus (spatium et tempus) est condicio, sub
qua aliquid sensuum nostrorum obiectum esse potest, adeoque, ut condicio cognitionis sensitivae, non est medium ad
intuitum intellectualem. Praeterea omnis nostrae cognitionis
materia non datur nisi a sensibus, sed noumenon, qua tale,
non concipiendum est per repraesentationes a sensationibus
depromptas; ideo conceptus intelligibilis, qua talis, est
destitutus ab omnibus *datis* intuitus humani. *Intuitus* nempe
mentis nostrae semper est *passivus;* adeoque eatenus tantum, quatenus aliquid sensus nostros afficere potest, possibilis. Divinus autem intuitus, qui obiectorum est principium, non principiatum, cum sit independens, est arche-
typus et propterea perfecte intellectualis.

gemeinschaftliche Maß und der Erkenntnisgrund. Das *Maximum der Vollkommenheit* heißt heutzutage Ideal, bei Plato Idee (wie z. B. seine Idee der Republik), und dies ist das Prinzip aller unter dem allgemeinen Begriff irgendeiner Vollkommenheit enthaltenen Dinge, da ja die niederen Grade nur durch Einschränkung des Maximums für bestimmbar gehalten werden. Gott aber ist, wie er als Ideal der Vollkommenheit das Erkenntnisprinzip ist, als wirklich existierend zugleich der Entstehungsgrund aller Vollkommenheit überhaupt.

§ 10

Bei den intellektuellen Erkenntnissen gibt es (für den Menschen) keine *Anschauung*, sondern nur eine *symbolische Erkenntnis*, und die Einsicht ist uns nur durch allgemeine Begriffe abstrakt möglich, nicht durch die Einzelvorstellung konkret. Es ist nämlich alle unsere Anschauung an ein gewisses Prinzip der Form gebunden, unter welcher allein etwas unmittelbar, d. h. als *einzelnes* vom Geiste *geschaut* und nicht nur diskursiv durch allgemeine Begriffe vorgestellt werden kann. Dieses formale Prinzip unserer Anschauung (Raum und Zeit) aber ist die Bedingung, unter der etwas Gegenstand unserer Sinne sein kann, und es ist daher als Bedingung der sinnenhaften Erkenntnis kein Mittel einer intellektuellen Anschauung. Außerdem wird der Stoff aller unserer Erkenntnis nur von den Sinnen geliefert, das Noumenon aber als solches kann nicht durch Vorstellungen, die aus den Sinnen stammen, erfaßt werden. Daher ist die Vorstellung eines Verstandeswesens als solchen leer von allen *Daten* der menschlichen Anschauung. Die *Anschauung* nämlich unseres Geistes ist immer *passiv* und daher nur insofern möglich, als etwas unsere Sinne treffen kann. Die göttliche Anschauung aber, die der Grund und nicht die Folge der Objekte ist, ist, da sie unabhängig ist, ursprüngliches Anschauen und deswegen vollkommen intellektuell.

§ 11

Quanquam autem phaenomena proprie sint rerum species, non ideae, neque internam et absolutam obiectorum
qualitatem exprimant: nihilo tamen minus illorum cognitio
est verissima. Primo enim, quatenus sensuales sunt conceptus s. apprehensiones, ceu causata testantur de praesentia
obiecti, quod contra idealismum; quatenus autem iudicia
spectas circa sensitive cognita, cum veritas in iudicando
consistat in consensu praedicati cum subiecto dato, conceptus autem subiecti, quatenus est phaenomenon, non
detur nisi per relationem ad facultatem cognoscendi sensitivam, et secundum eandem etiam praedicata dentur sensitive observabilia, patet, repraesentationes subiecti atque
praedicati fieri secundum leges communes, adeoque ansam
praebere cognitioni verissimae.

§ 12

Quaecunque ad sensus nostros referuntur ut obiecta, sunt
phaenomena; quae autem, cum sensus non tangant, formam
tantum singularem sensualitatis continent, pertinent ad intuitum purum (i. e. a sensationibus vacuum, ideo autem
non intellectualem). Phaenomena recensentur et exponuntur,
primo sensus externi in Physica, *deinde* sensus interni in
Psychologia empirica. Intuitus autem purus (humanus) non
est conceptus universalis s. logicus, *sub quo*, sed singularis, *in
quo* sensibilia quaelibet cogitantur ideoque continet conceptus spatii et temporis; qui, cum quoad *qualitatem* nihil
de sensibilibus determinent, non sunt obiecta scientiae, nisi
quoad *quantitatem*. Hinc Mathesis pura *spatium* considerat
in Geometria, *tempus* in Mechanica pura. Accedit hisce

§ 11

Obwohl nun die Phänomene eigentlich nur Ansichten, nicht Urbilder der Dinge sind und nicht die innere und absolute Beschaffenheit der Gegenstände ausdrücken, so ist dennoch ihre Erkenntnis vollkommen wahr. Erstens nämlich, sofern sie sinnliche Vorstellungen d. h. Wahrnehmungen sind, zeugen sie als Wirkungen von der Gegenwart eines Objektes, im Gegensatz zur Behauptung des Idealismus. Sofern man aber die Urteile über das sinnenhaft Erkannte ins Auge faßt, zeigt sich, da die Wahrheit beim Urteilen in der Übereinstimmung des Prädikats mit dem gegebenen Gegenstande besteht, die Vorstellung aber eines Gegenstandes, sofern er Phänomen ist, nur durch die Beziehung zum sinnlichen Erkenntnisvermögen gegeben wird und eben dieser Beziehung gemäß auch die sinnlich wahrnehmbaren Prädikate gegeben werden, daß die Vorstellungen des Gegenstandes und des Prädikats nach gemeinsamen Gesetzen entstehen und also die Möglichkeit einer völlig wahren Erkenntnis liefern.

§ 12

Alles, was sich auf unsere Sinne als Gegenstand bezieht, ist Phänomen, was aber, ohne die Sinne zu treffen, nur die besondere Form der Sinnlichkeit enthält, gehört zur reinen Anschauung (d. h. der empfindungsfreien, deswegen aber nicht intellektuellen). Die Phänomene *erstlich* des äußeren Sinnes werden in der PHYSIK verzeichnet und erörtert, *sodann* die des inneren in der empirischen PHYCHOLOGIE. Die reine Anschauung aber (des Menschen) ist nicht eine allgemeine oder logische Vorstellung, *unter der*, sondern eine einzelne, *in der* irgendwelche Sinnendinge gedacht werden, und enthält daher die Vorstellungen des Raumes und der Zeit. Da diese hinsichtlich der *Beschaffenheit* der Sinnendinge nichts bestimmen, sind sie Gegenstände der Wissenschaft nur hinsichtlich der *Größe*. Daher betrachtet die REINE MATHEMATIK den *Raum* in der GEOMETRIE, die *Zeit* in der reinen

conceptus quidam, in se quidem intellectualis, sed cuius
tamen actuatio in concreto exigit opitulantes notiones temporis et spatii (successive addendo plura et iuxta se simul
ponendo), qui est conceptus *numeri,* quem tractat ARITHME-
TICA. Mathesis itaque pura, omnis nostrae sensitivae cognitionis formam exponens, est cuiuslibet intuitivae et distinctae cognitionis organon; et, quoniam eius obiecta ipsa sunt
omnis intuitus non solum principia formalia, sed ipsa *intuitus originarii,* largitur cognitionem verissimam simulque
summae evidentiae in aliis exemplar. *Sensualium itaque
datur scientia,* quanquam, cum sint phaenomena, non datur
intellectio realis, sed tantum logica; hinc patet, quo sensu,
qui e schola Eleatica hauserunt, scientiam phaenomenis
denegasse censendi sint.

MECHANIK. Zu diesen Begriffen kommt ein anderer, der an sich zwar intellektuell ist, dessen Darstellung aber im Einzelnen die Hilfsvorstellungen des Raumes und der Zeit erfordert (indem man mehreres nacheinander zueinanderfügt und zugleich nebeneinander setzt), welches der Begriff der *Zahl* ist, den die ARITHMETIK behandelt. Daher ist die reine Mathematik, die die Form aller unserer sinnenhaften Erkenntnis darlegt, das Werkzeug jeder anschaulichen und deutlichen Erkenntnis, und da ihre Objekte selbst nicht nur die formalen Prinzipien aller Anschauung, sondern selber *Uranschauungen* sind, liefert sie die wahrste Erkenntnis und zugleich das Muster der größten Evidenz in den anderen Erkenntnissen. *Daher gibt es bezüglich der sinnlichen Erkenntnisse wahre Wissenschaft,* obwohl es, da es sich nur um Phänomene handelt, keine reale Verstandeseinsicht, sondern nur eine logische gibt. Hieraus erhellt, in welcher Weise man annehmen muß, daß die Nachfolger der eleatischen Schule eine Wissenschaft von den Phänomenen geleugnet haben.

SECTIO III

De principiis formae mundi sensibilis

§ 13

Principium formae universi est, quod continet rationem nexus universalis, quo omnes substantiae atque earum status pertinent ad idem totum, quod dicitur *mundus*. Principium formae *mundi sensibilis* est, quod continet rationem *nexus universalis* omnium, quatenus sunt *phaenomena*. Forma *mundi intelligibilis* agnoscit principium obiectivum, h. e. causam aliquam, per quam exsistentium in se est colligatio. Mundus autem, quatenus spectatur ut phaenomenon, h. e. respective ad sensualitatem mentis humanae, non agnoscit aliud principium formae nisi subiectivum, h. e. certam animi legem, per quam necesse est, ut omnia, quae sensuum obiecta (per istorum qualitatem) esse possunt *necessario* pertinere videantur ad idem totum. Quodcunque igitur tandem sit principium formae mundi sensibilis, tamen non complectitur nisi *actualia*, quatenus in *sensus cadere* posse putantur, ideoque nec immateriales substantias, quae, qua tales, iam per definitionem a sensibus externis omnino excluduntur, nec mundi causam, quae, cum per illam mens ipsa exsistat et sensu aliquo polleat, sensuum obiectum esse non potest. Haec principia formalia *universi phaenomeni* absolute prima, catholica et cuiuslibet praeterea in cognitione humana sensitivi quasi schemata et condiciones, bina esse, tempus et spatium, iam demonstrabo.

III. ABSCHNITT

Von den Prinzipien der Form der Sinnenwelt

§ 13

Ein Prinzip der Form des Weltalls ist dasjenige, welches den Grund der allgemeinen Verknüpfung enthält, vermittels deren alle Substanzen und deren Zustände zu ebendemselben Ganzen gehören, welches die *Welt* genannt wird. Ein Prinzip der Form der *Sinnenwelt* ist das, was den Grund der *allgemeinen Verknüpfung* aller Objekte, sofern sie *Phänomene* sind, enthält. Die Form der *Verstandeswelt* weist auf ein objektives Prinzip hin, d. h. irgendeine Ursache, vermöge deren sie die Vereinigung von Dingen an sich ist. Die Welt aber, sofern sie als Phänomen betrachtet wird, d. h. im Verhältnis auf die Sinnlichkeit des menschlichen Geistes, weist hin auf ein bloß subjektives Prinzip der Form, nämlich ein gewisses Gesetz der Seele, durch das es notwendig ist, daß alles, was Objekt der Sinne vermöge seiner Beschaffenheit sein kann, *mit Notwendigkeit* zu ebendemselben Ganzen zu gehören den Anschein besitzt. Was immer also auch ein Prinzip der Form der Sinnenwelt sei, es befaßt in jedem Falle nur *Wirkliches*, sofern man sich vorstellt, daß es in die *Sinne fallen* kann, und deswegen also z. B. nicht die immateriellen Substanzen, die als solche schon definitorisch gänzlich von den äußeren Sinnen ausgeschlossen werden, und ebenso nicht die Ursache der Welt, die kein Objekt der Sinne sein kann, da durch sie der Geist selbst existiert und über irgendeinen Sinn verfügt.

Ich werde sogleich zeigen, daß diese formalen Prinzipien des *phänomenalen Weltalls,* die ursprünglich, allgemein und gleichsam die Schablonen und Bedingungen von allem Sinnenhaften, was sich in der menschlichen Erkenntnis vorfindet, sind, zweifach sind, nämlich Zeit und Raum.

§ 14

De tempore

1. *Idea temporis non oritur, sed supponitur a sensibus.*
Quae enim in sensus incurrunt, utrum simul sint, an post
se invicem, nonnisi per ideam temporis repraesentari potest;
neque successio gignit conceptum temporis sed ad illum
provocat. Ideoque temporis notio, veluti per experientiam
acquisita, pessime definitur per seriem actualium *post* se
invicem exsistentium. Nam, quid significet vocula *post,* non
intelligo, nisi praevio iam temporis conceptu. Sunt enim
post se invicem, quae exsistunt *temporibus diversis,* quemadmodum *simul* sunt, quae exsistunt *tempore eodem.*

2. *Idea temporis est singularis,* non generalis. Tempus
enim quodlibet non cogitatur, nisi tanquam pars unius
eiusdem temporis immensi. Duos annos si cogitas, non
potes tibi repraesentare, nisi determinato erga se invicem
positu, et, si immediate se non sequantur, nonnisi tempore
quodam intermedio sibimet iunctos. Quodnam autem tem-
porum diversorum sit *prius,* quodnam *posterius,* nulla ratione per notas aliquas intellectui conceptibiles definiri potest, nisi in circulum vitiosum incurrere velis, et mens illud
non discernit, nisi per intuitum singularem. Praeterea omnia concipis actualia *in* tempore posita, non *sub* ipsius notione generali, tanquam nota communi, contenta.

3. *Idea* itaque *temporis est intuitus,* et quoniam ante
omnem sensationem concipitur, tanquam condicio respectuum in sensibilibus obviorum, est *intuitus* non sensualis,
sed *purus.*

4. *Tempus est quantum continuum* et legum continui in
mutationibus universi principium. Continuum enim est

§ 14

Von der Zeit

1. *Die Vorstellung der Zeit entspringt nicht aus den Sinnen, sondern wird von ihnen vorausgesetzt.* Ob nämlich was in die Sinne fällt, zugleich ist oder nacheinander, kann nur mit Hilfe der Vorstellung der Zeit vorgestellt werden, und die Geschehensfolge erzeugt nicht die Vorstellung der Zeit, sondern beruht auf ihr. Daher wird der Begriff der Zeit, gleich als ob er durch Erfahrung erworben wäre, sehr unrichtig definiert als die Reihe der *nacheinander* existierenden wirklichen Gegenstände; denn was das Wort *nacheinander* bedeutet, verstehe ich nicht, es sei denn, daß der Begriff der Zeit vorausgeschickt sei. Es ist nämlich *nacheinander*, was zu *verschiedenen Zeiten* existiert, ebenso wie *zugleich* ist, was zur *selben Zeit* existiert.

2. *Die Vorstellung der Zeit ist Einzelvorstellung*, nicht Allgemeinvorstellung. Jegliche Zeit wird nämlich nur als Teil einer und derselben unendlichen Zeit vorgestellt. Wenn man sich zwei Jahre denkt, kann man sie sich nur in bestimmter Lage zueinander vorstellen, und wenn sie nicht unmittelbar einander folgen, nur als durch irgendeine Zwischenzeit miteinander verbunden. Welche aber von verschiedenen Zeiten *früher* sei und welche *später*, das kann auf keine Weise durch irgendwelche dem Verstand begreiflichen Merkmale definiert werden, wenn man nicht in einen fehlerhaften Zirkel fallen will, und der Geist unterscheidet das nur durch die einzelne Anschauung. Außerdem denkt man sich alles Wirkliche als *in* der Zeit gelegen, nicht als *unter* einem allgemeinen Begriff derselben wie einem allgemeinen Merkmal enthalten.

3. Die *Vorstellung der Zeit* ist daher *Anschauung*, und da sie vor aller Empfindung vorgestellt wird, gleichsam als Bedingung der bei den Sinnendingen vorkommenden Verhältnisse, ist sie eine nicht sinnliche, sondern *reine Anschauung*.

4. *Die Zeit ist ein stetiges Quantum* und das Prinzip aller Stetigkeitsgesetze in den Veränderungen des Weltalls. Ste-

quantum, quod non constat simplicibus. Quia autem per
tempus non cogitantur nisi relationes absque datis ullis
entibus erga se invicem relatis, in tempore, ceu quanto,
est compositio, quae, si tota sublata concipiatur, nihil plane
reliqui facit. Cuius autem compositi, sublata omni compositione, nihil omnino remanet, illud non constat partibus
simplicibus. Ergo etc. Pars itaque temporis quaelibet est
tempus, et quae sunt in tempore, simplicia, nempe *momenta*, non sunt partes illius, sed *termini*, quos interiacet
tempus. Nam datis duobus momentis non datur tempus,
nisi quatenus in illis actualia sibi succedunt; igitur praeter
momentum datum necesse est, ut detur tempus, in cuius
parte posteriori sit momentum aliud.

Lex autem *continuitatis* metaphysica haec *est: mutationes
omnes sunt continuae* s. fluunt, h. e. non succedunt sibi
status oppositi, nisi per seriem statuum diversorum inter-
mediam. Quia enim status duo oppositi sunt in diversis
temporis momentis, inter duo autem momenta semper sit
tempus aliquod interceptum, in cuius infinita momentorum
serie substantia nec est in uno statuum datorum, nec in
altero, nec tamen in nullo: erit in diversis, et sic porro in
infinitum.

Celeb. Kaestnerus, hanc Leibnizii legem examini sub-
iecturus, provocat eius defensores[4], ut demonstrent: *mo-
tum puncti continuum per omnia latera trianguli esse im-
possibilem*, quod utique, concessa lege continuitatis, pro-
bari necesse esset. En igitur demonstrationem quaesitam.
Denotent literae a b c tria puncta angularia trianguli rectili-

---

[4] Höhere Mechanick, S. 354.

tig nämlich ist ein Quantum, das nicht aus einfachen Teilen
besteht. Weil nun durch die Zeit nur Verhältnisse, ohne
daß irgendwelche Dinge, die gegeneinander im Verhältnis
stehen, gegeben sind, gedacht werden, so liegt in der Zeit
als einem Quantum eine Zusammensetzung vor, die überhaupt nichts übrigläßt, wenn man sich ihre Aufhebung vorstellt. Wenn aber von einem Zusammengesetzten nach Aufhebung aller Zusammensetzung überhaupt nichts übrigbleibt, dann besteht es nicht aus einfachen Bestandteilen.
Also . . . . Daher ist jeder Bestandteil der Zeit eine Zeit
und das Einfache in der Zeit, nämlich die *Augenblicke,*
sind nicht Bestandteile von ihr, sondern *Grenzen,* zwischen
denen eine Zeit liegt; denn wenn zwei Augenblicke gegeben sind, gibt es nur eine Zeit, sofern in jenen Wirkliches
einander folgt, und also ist außer einem gegebenen Augenblick notwendig, daß eine Zeit gegeben wird, in deren Ver-
lauf der andere Augenblick sich einstellt.

Das metaphysische Gesetz der *Stetigkeit* nun ist folgen-
des: *Alle Veränderungen sind stetig* oder „fließend" d. h.
es folgen sich keine entgegengesetzten Zustände außer
durch eine Zwischenreihe anderer Zustände. Weil nämlich
zwei verschiedene Zustände in verschiedenen Augenblicken
der Zeit sind, zwischen zwei Augenblicken aber immer eine
Zeit eingefangen ist, in deren unendlicher Reihe von Augenblicken das sich verändernde Ding weder in dem einen
noch dem anderen der gegebenen Zustände ist, andererseits doch auch nicht in gar keinem, so wird es in von diesen verschiedenen Zuständen sein und so fort ins Unendliche.

Der berühmte Herr Kästner fordert, um dieses Gesetz
von Leibniz einer Probe zu unterziehen, die Verteidiger
desselben auf [4], daß sie den Beweis liefern, *daß die stetige
Bewegung eines Punktes durch alle Seiten eines Dreiecks
unmöglich sei;* denn das müsse doch wenigstens, wenn man
das Stetigkeitsgesetz zugibt, bewiesen werden können. Hier
ist der geforderte Beweis. Die Buchstaben a b c mögen die
drei Eckpunkte eines geradseitigen Dreiecks bezeichnen.

---

[4] Höhere Mechanik S. 354 [Göttingen 1766]

nei. Si mobile incedat motu continuo per lineas $a\,b$, $b\,c$, $c\,a$, h. e. totum perimetrum figurae, necesse est, ut per punctum b in directione $a\,b$, per idem autem punctum b etiam in directione $b\,c$ moveatur. Cum autem hi motus sint diversi, non possunt esse *simul*. Ergo momentum praesentiae puncti mobilis in vertice b, quatenus movetur in directione $a\,b$, est diversum a momento praesentiae puncti mobilis in eodem vertice b, quatenus movetur secundum directionem $b\,c$. Sed inter duo momenta est tempus, ergo mobile in eodem puncto per tempus aliquod praesens est, i. e. *quiescit*, ideoque non incedit motu continuo, quod contra hypothesin. Eadem demonstratio valet de motu per quaslibet rectas, angulum includentes dabilem. Ergo corpus non mutat directionem in motu continuo, nisi secundum lineam, cuius nulla pars est recta, h. e. curvam, secundum placita Leibnizii.

5. *Tempus non est obiectivum aliquid et reale*, nec substantia, nec accidens, nec relatio, sed subiectiva condicio per naturam mentis humanae necessaria, quaelibet sensibilia certa lege sibi coordinandi, et *intuitus purus*. Substantias enim pariter ac accidentia coordinamus, tam secundum simultaneitatem, quam successionem, nonnisi per conceptum temporis; ideoque huius notio, tanquam principium formae, istorum conceptibus est antiquior. Quod autem relationes attinet s. respectus quoscunque, quatenus sensibus sunt obvii, utrum nempe simul sint, an post se invicem, nihil aliud involvunt, nisi positus in tempore determinandos, vel in eodem ipsius puncto, vel diversis.

Qui realitatem temporis obiectivam asserunt, aut illud tanquam fluxum aliquem in exsistendo continuum, absque ulla tamen re exsistente (commentum absurdissimum!), concipiunt, uti potissimum Anglorum philosophi, aut tanquam

Wenn nun das Bewegliche in stetiger Bewegung die Linien
ab, bc und ca d. h. den ganzen Umfang der Figur durch-
läuft, so muß es durch den Punkt b in der Richtung ab,
durch ebendenselben Punkt b aber auch in der Richtung
bc sich bewegen. Da aber diese Bewegungen verschiedene
sind, können sie nicht *zugleich* sein, also ist der Moment
der Gegenwart des beweglichen Punktes an der Spitze b,
sofern er sich in der Richtung ab bewegt, verschieden von
dem Moment der Gegenwart des beweglichen Punktes an
ebenderselben Spitze b, sofern er sich in Richtung bc bewegt. Zwischen zwei Augenblicken aber liegt eine Zeit,
also ist das Bewegliche an demselben Punkte eine Zeit
lang gegenwärtig, d. h. es *ruht* und läuft also nicht in stetiger Bewegung — gegen die Voraussetzung. Derselbe Beweis gilt von der Bewegung durch irgendwelche geraden
Linien, die einen angebbaren Winkel einschließen. Also
verändert ein Körper seine Richtung in einer stetigen Bewegung nur in einer Linie, deren kein Teil gerade ist, also
einer krummen, so wie Leibniz wollte.

5. *Die Zeit ist nicht etwas Objektives und Reales,* weder
eine Substanz noch ein Akzidenz noch eine Relation, sondern eine subjektive, durch die Natur des Geistes notwendige Bedingung, beliebige Sinnendinge nach einem bestimmten Gesetze miteinander zusammenzuordnen, und
eine *reine Anschauung.* Denn die Substanzen sowohl wie
die Akzidenzen ordnen wir sowohl bezüglich Gleichzeitigkeit wie Aufeinanderfolge nur mittels der Vorstellung der
Zeit zusammen; daher ist deren Begriff als das Prinzip der
Form früher als die Begriffe von jenen. Was aber die Relation anlangt oder überhaupt irgendwelche Beziehungen,
sofern sie den Sinnen vorkommen, ob sie nämlich zugleich
sind oder nacheinander, so enthalten sie nichts anderes als
in der Zeit zu bestimmende Stellen, sei es in einem und
demselben ihrer Zeitpunkte oder in verschiedenen.

Diejenigen, die eine objektive Realität der Zeit behaupten, stellen sie sich entweder vor als ein stetiges Verfließen
im Existieren, ohne daß jedoch irgendein Ding existiert
(absurder Einfall), wie dies vornehmlich die englischen
Philosophen tun, oder aber als etwas von der Aufeinander-

abstractum reale a successione statuum internorum, uti
Leibnizius et asseclae statuunt. Posterioris autem senten-
tiae falsitas, cum circulo vitioso in temporis definitione obvia luculenter semet ipsam prodat, et praeterea *simultaneitatem*[5], maximum temporis consectarium, plane negligat,
ita omnem sanae rationis usum interturbat, quod non motus
leges secundum temporis mensuram, sed tempus ipsum,
quoad ipsius naturam, per observata in motu aut qualibet
mutationum internarum serie determinari postulet, quo omnis regularum certitudo plane aboletur. Quod autem temporis *quantitatem* non aestimare possimus, nisi in concreto,
nempe vel *motu* vel *cogitationum serie*, id inde est, quoniam conceptus temporis tantummodo lege mentis interna
nititur, neque est intuitus quidam connatus, adeoque nonnisi sensuum ope actus ille animi, sua sensa coordinantis,
eliciatur. Tantum vero abest, ut quis unquam temporis conceptum adhuc rationis ope aliunde deducat et explicet, ut
potius ipsum principium contradictionis eundem praemittat

---

[5] *Simultanea* non sunt ideo talia, quia sibi non succedunt.
Nam remota successione tollitur quidem coniunctio aliqua, quae
erat per seriem temporis, sed inde non statim oritur *alia* vera
relatio, qualis est coniunctio omnium in momento eodem. Simultanea enim perinde iunguntur eodem temporis momento, quam
successiva diversis. Ideo, quanquam tempus sit unius tantum
dimensionis, tamen *ubiquitas* temporis (ut cum Newtono loquar),
per quam *omnia* sensitive cogitabilia sunt *aliquando,* addit
quanto actualium alteram dimensionem, quatenus veluti pendent
ab eodem temporis puncto. Nam si tempus designes linea recta
in infinitum producta, et simultanea in quolibet temporis puncto
per lineas ordinatim applicatas: superficies, quae ita generatur,
repraesentabit *mundum phaenomenon,* tam quoad substantiam,
quam quoad accidentia.

folge der inneren Zustände abstrahiertes Reales, wie *Leibniz* und seine Anhänger behaupten. Die Falschheit der letzteren Meinung verrät sich teils durch den falschen Zirkel in der hierbei gelieferten Definition der Zeit ziemlich deutlich, überdies vernachlässigt sie das *Zugleichsein*[5], den wichtigsten Folgebegriff der Zeit, vollständig, vor allem aber verwirrt sie allen Gebrauch der gesunden Vernunft, weil sie die Bewegungsgesetze nicht nach Maßgabe der Zeit, sondern die Zeit selbst ihrer Natur nach durch das, was an der Bewegung oder irgendeiner Reihe innerer Veränderungen beobachtet wird, zu bestimmen verlangt, wodurch alle Gewißheit der Regeln vollständig beseitigt wird. Daß wir aber die *Größe* der Zeit nur in concreto, nämlich an einer *Bewegung* oder einer *Gedankenreihe* schätzen können, das kommt daher, daß die Vorstellung der Zeit nur auf einem inneren Gesetz des Geistes beruht und keine angeborene Anschauung ist, mithin jene Handlung des Geistes, das, was er empfindet, zu ordnen, nur mit Hilfe der Sinne in Funktion gebracht wird. Es ist aber so abwegig, daß jemand den Begriff der Zeit noch mit Hilfe der Vernunft irgendwo anders her ableitet und erklärt, daß vielmehr sogar das Prinzip des Widerspruchs ihn voraussetzt

---

[5] Was *zugleich* ist, ist dies nicht deswegen, weil es nicht aufeinander folgt; denn mit Aufhebung der Aufeinanderfolge wird zwar irgendeine Verbindung, die auf Grund der Zeitreihe bestand, aufgehoben, aber dadurch entsteht noch nicht sogleich eine *andere* wahrhafte Relation, wie es die Verbindung von allem in ein und demselben Augenblick ist; denn das Gleichzeitige wird in analoger Weise in ein und demselben Zeitpunkt verbunden wie das Aufeinanderfolgende durch verschiedene Augenblicke. Obwohl daher die Zeit nur eine Dimension hat, so fügt dennoch die *Überallheit* der Zeit, um mit Newton zu sprechen, vermöge welcher *alles* sinnenhaft Vorstellbare *irgendwann* ist, zum Quantum der wirklichen Dinge noch eine andere Dimension hinzu, insofern sie nämlich gleichsam von einem und demselben Zeitpunkt abhängen; denn wenn man die Zeit durch eine ins Unendliche gezogene gerade Linie bezeichnet und das Gleichzeitige in jedem Zeitpunkt durch senkrecht errichtete Linien, so wird die so entstehende Fläche die *Erscheinungswelt* sowohl hinsichtlich ihrer Substanz wie ihrer Akzidenzen darstellen.

ac sibi condicionis loco substernat. A enim et *non* A non *repugnant,* nisi *simul* (h. e. tempore eodem) cogitata de *eodem, post se* autem (diversis temporibus) eidem *competere possunt.* Inde possibilitas mutationum nonnisi in tempore cogitabilis, neque tempus cogitabile per mutationes, sed vice versa.

6. Quanquam autem *tempus* in se et absolute positum sit ens imaginarium, tamen, quatenus ad immutabilem legem sensibilium, qua talium, pertinet, est conceptus verissimus et per omnia possibilia sensuum obiecta in infinitum patens intuitivae repraesentationis condicio. Cum enim simultanea, qua talia, sensibus obvia fieri non possint nisi ope temporis, mutationes autem non sint nisi per tempus cogitabiles: patet, hunc conceptum universalem phaenomenorum formam continere, adeoque omnes in mundo eventus observabiles, omnes motus omnesque internas vicissitudines necessario cum axiomatibus de tempore cognoscendis partimque a nobis expositis consentire, quoniam *nonnisi sub hisce condicionibus sensuum obiecta esse et coordinari possunt.* Absonum igitur est, contra prima temporis puri postulata, e. g. continuitatem etc., rationem armare velle, cum legibus consequantur, quibus nihil prius, nihil antiquius reperitur, ipsaque ratio in usu principii contradictionis huius conceptus adminiculo carere non possit; usque adeo est primitivus et originarius.

7. Tempus itaque est *principium formale mundi sensibilis* absolute primum. Omnia enim quomodocunque sensibilia non possunt cogitari, nisi vel simul, vel post se invicem posita, adeoque unici temporis tractu quasi involuta ac semet determinato positu respicientia, ita, ut per hunc conceptum, omnis sensitivi primarium, necessario oriatur totum formale, quod non est pars alterius, h. e. *mundus phaenomenon.*

und als Bedingung zugrundelegt. Denn A und *non* — A *widerstreiten* sich nur, wenn sie *zugleich*, d. h. zu ebenderselben Zeit, von *einem und demselben Dinge* gedacht werden, *nacheinander* (zu verschiedenen Zeiten) *können sie demselben wohl zukommen.* Die Möglichkeit der Veränderungen ist deswegen nur in der Zeit denkbar, und es ist also nicht die Zeit auf Grund der Veränderungen denkbar, sondern umgekehrt.

6. Obgleich nun die *Zeit*, an sich und absolut gesetzt, nur ein Gegenstand der Einbildung ist, so ist sie dennoch, weil sie zum unwandelbaren Gesetz der Sinnengegenstände als solcher gehört, ein völlig wahrer Begriff und eine sich auf alle möglichen Gegenstände der Sinne ins Unendliche erstreckende Bedingung des anschaulichen Vorstellens; denn da das Gleichzeitige als solches den Sinnen nur mittels der Zeit zugänglich ist, Veränderungen aber nur mittels der Zeit denkbar sind, so ist klar, daß dieser Begriff die allgemeine Form der Erscheinungen enthält und daher alle in der Welt beobachtbaren Ereignisse, alle Bewegungen und aller innere Wechsel mit Notwendigkeit mit den über die Zeit zu erkennenden Grundsätzen, die zum Teil von uns auseinandergesetzt sind, übereinstimmen, weil sie *nur unter diesen Bedingungen Gegenstände der Sinne sein und koordiniert werden können.* Es ist folglich absurd, gegen die ersten Postulate der reinen Zeit, z. B. die Stetigkeit usw., die Vernunft in Harnisch setzen zu wollen, da sie Gesetzen folgen, denen nichts Früheres und nichts Älteres vorausgeht und da die Vernunft selbst beim Gebrauch des Satzes vom Widerspruch die Hilfe dieses Begriffs nicht entbehren kann — so sehr ist er ein elementarer und ursprünglicher Begriff.

7. Die Zeit ist also ein absolut erstes *formales Prinzip der Sinnenwelt;* denn alles wie auch immer sinnlich Zugängliche kann nur gedacht werden als entweder zugleich oder nacheinander gesetzt, mithin gleichsam in den Fluß der einzigen Zeit eingebettet und sich in bestimmter Lage aufeinander beziehend, so daß durch diesen Begriff, der für alles Sinnenhafte primär ist, notwendigerweise ein for-

§ 15

De spatio

A. *Conceptus spatii non abstrahitur a sensationibus externis.* Non enim aliquid ut extra me positum concipere licet, nisi illud repraesentando tanquam in loco, ab eo, in quo ipse sum, diverso, neque res extra se invicem, nisi illas collocando in spatii diversis locis. Possibilitas igitur perceptionum externarum, qua talium, *supponit* conceptum spatii, non *creat;* sicuti etiam, quae sunt in spatio, sensus afficiunt, spatium ipsum sensibus hauriri non potest.

B. *Conceptus spatii est singularis repraesentatio* omnia *in se* comprehendens, non *sub se* continens notio abstracta et communis. Quae enim dicis *spatia plura*, non sunt nisi eiusdem immensi spatii partes, certo positu se invicem respicientes, neque pedem cubicum concipere tibi potes, nisi ambienti spatio quaquaversum conterminum.

C. *Conceptus spatii itaque est intuitus purus*, cum sit conceptus singularis, sensationibus non conflatus, sed omnis sensationis externae forma fundamentalis. Hunc vero intuitum purum in axiomatibus geometriae et qualibet constructione postulatorum s. etiam problematum mentali animadvertere proclive est. Non dari enim in spatio plures quam tres dimensiones, inter duo puncta non esse nisi rectam unicam, e dato in superficie plana puncto cum data recta circulum describere, etc., non ex universali aliqua spatii notione concludi, sed in ipso tantum velut in concreto *cerni*

males Ganzes entspringt, das nicht Teil eines anderen ist,
d. h. die *Erscheinungswelt.*

§ 15

Von dem Raume

A) *Der Begriff des Raumes wird nicht von äußeren Empfindungen abstrahiert;* denn ich kann mir nur etwas als
außer mir befindlich denken, wenn ich es mir als an einem
Orte, der von dem, in dem ich selber bin, verschieden ist,
vorstelle, und ebenso Dinge als außereinander nur, sofern
ich sie in verschiedene Orte des Raumes setze. Die Möglichkeit also der äußeren Wahrnehmung als solcher *setzt*
den Begriff des Raumes *voraus* und *erzeugt* ihn nicht, so
wie auch das, was im Raume ist, die Sinne trifft, der Raum
selbst aber nicht aus den Sinnen geschöpft werden kann.

B) *Der Begriff des Raumes ist eine Einzelvor*stellung, die
alles *in sich* befaßt, nicht ein abstraktes und gemeinsames
Merkmal, das es *unter sich* befaßt. Wenn man nämlich von
mehreren Räumen spricht, so sind das nur Teile eines und
desselben unermeßlichen Raumes, die sich durch eine bestimmte Lage aufeinander beziehen, und man kann sich
keinen Kubikfuß vorstellen, er sei denn durch einen um-
gebenden Raum nach allen Seiten hin abgegrenzt.

C) *Der Begriff des Raumes ist daher eine reine Anschauung,* weil er eine Einzelvorstellung ist, die nicht durch
Empfindungen zuwegegebracht ist, sondern die Funda-
mentalform aller äußeren Empfindung ist. Diese reine Anschauung kann man aber in den Axiomen der Geometrie
und in jeder geistigen Darstellung von Postulaten oder
auch Problemen gar leicht bemerken. Denn daß es im Raume nicht mehr als drei Dimensionen gibt, daß zwischen
zwei Punkten nur eine gerade Linie möglich ist, daß man
in einer Ebene von einem Punkte mit einer gegebenen
Strecke einen Zirkel beschreiben kann usw., all dieses kann
nicht aus irgendeinem allgemeinen Begriff vom Raum geschlossen werden, sondern nur in ihm gleichsam wie in etwas Konkretem *geschaut* werden. Was in einem gegebe-

potest. Quae iaceant in spatio dato unam plagam versus, quae in oppositam vergant, discursive describi s. ad notas intellectuales revocari nulla mentis acie possunt, ideoque, cum in solidis perfecte similibus atque aequalibus, sed discongruentibus, cuius generis sunt manus sinistra et dextra (quatenus solum secundum extensionem concipiuntur) aut triangula sphaerica e duobus hemisphaeriis oppositis, sit diversitas, per quam impossibile est, ut termini extensionis coincidant, quanquam per omnia, quae notis menti per sermonem intelligibilibus efferre licet, sibi substitui possint, patet hic nonnisi quadam intuitione pura diversitatem, nempe discongruentiam, notari posse. Hinc geometria principiis utitur non indubitatis solum ac discursivis, sed sub obtutum mentis cadentibus, et *evidentia* in demonstrationibus (quae est claritas certae cognitionis, quatenus assimilatur sensuali) non solum in ipsa est maxima, sed et unica, quae datur in scientiis puris, omnisque *evidentiae* in aliis *exemplar* et medium, quia, cum geometria *spatii relationes* contempletur, cuius conceptus ipsam omnis intuitus sensualis formam in se continet, nihil potest in perceptis sensu externo clarum esse et perspicuum, nisi mediante eodem intuitu, in quo contemplando scientia illa versatur. Ceterum geometria propositiones suas universales non demonstrat obiectum cogitando per conceptum universalem, quod fit in rationalibus, sed illud oculis subiiciendo per intuitum singularem, quod fit in sensitivis [6].

---

[6] Quod spatium necessario concipiendum sit tanquam quantum continuum, cum facile sit demonstratu, hic praetereo. Inde autem fit, ut simplex in spatio non sit pars, sed terminus. Terminus autem generaliter est id in quanto continuo, quod ratio-

nen Raum nach der einen und was nach der entgegengesetzten Gegend sich erstreckt, kann durch keine Schärfe des
Geistes diskursiv beschrieben oder auf intellektuelle Merkmale zurückgeführt werden; also: weil es in dreidimensio-
nalen Gebilden, die einander völlig gleich und ähnlich sind,
dennoch aber nicht aufeinander passen, welcher Art die
linke und die rechte Hand (sofern sie bloß nach ihrer Ausdehnung vorgestellt werden) oder sphärische Dreiecke auf
zwei einander entgegengesetzten Halbkugeln sind, eine
Verschiedenheit gibt, durch die es unmöglich ist, daß die
Grenzen der Ausdehnung koinzidieren, obgleich sie nach
allen Momenten, die mit dem Geiste verständlichen Merkmalen diskursiv bezeichnet werden können, sich substituiert
werden können, so ist klar, daß hier die Verschiedenheit,
nämlich die Inkongruenz, nur durch eine gewisse reine Anschauung bemerkt werden kann. Daher bedient sich die
Geometrie nicht allein unbezweifelter und diskursiver, sondern rein anschaulicher Prinzipien, und die *Evidenz* in
ihren Beweisen (welches die Klarheit einer sicheren Erkenntnis ist, sofern sie der sinnlichen analog ist) ist in ihr
nicht allein die größte, sondern auch die einzige, welche es
in den reinen Wissenschaften gibt, und das *Muster* wie
auch das Mittel aller *Evidenz* in anderen Wissenschaften;
denn da die Geometrie die *Verhältnisse des Raumes* betrachtet, dessen Begriff eben die Form aller sinnlichen Anschauung in sich enthält, so kann in dem durch den äußeren Sinn Wahrgenommenen nichts klar und deutlich sein als
allein mittels eben der Anschauung, mit deren Betrachtung
sich jene Wissenschaft beschäftigt. Übrigens beweist die
Geometrie ihre universalen Aussagen nicht dadurch, daß
sie ihr Objekt durch einen allgemeinen Begriff denkt, wie
es bei bloßen Vernunfterkenntnissen geschieht, sondern dadurch, daß sie es durch die einzelne Anschauung vor Augen
stellt, wie es bei den sinnenhaften Erkenntnissen geschieht[6].

---

[6] Daß der Raum notwendig als ein stetiges Quantum zu denken ist, übergehe ich hier, da es leicht zu beweisen ist. Daher
aber kommt, daß das Einfache im Raum nicht ein Bestandteil
desselben, sondern eine Grenze ist. Eine Grenze aber ist allge-

D. *Spatium non est aliquid obiectivi* et realis, nec substantia, nec accidens, nec relatio; sed *subiectivum* et ideale
et e natura mentis stabili lege proficiscens veluti schema
omnia omnino externe sensa sibi coordinandi. Qui spatii
realitatem defendunt, vel illud ut *absolutum* et immensum
rerum possibilium *receptaculum* sibi concipiunt, quae sententia, post Anglos, geometrarum plurimis arridet, vel con-
tendunt esse *ipsam* rerum exsistentium relationem, rebus
sublatis plane evanescentem et nonnisi in actualibus cogi-
tabilem, uti, post Leibnizium, nostratum plurimi statuunt.
Quod attinet primum illud inane rationis commentum, cum
veras relationes infinitas absque ullis erga se relatis entibus
fingat, pertinet ad mundum fabulosum. Verum qui in sen-
tentiam posteriorem abeunt, longe deteriori errore labun-
tur. Quippe cum illi nonnisi conceptibus quibusdam rationalibus s. ad noumena pertinentibus offendiculum ponant,
ceteroquin intellectui maxime absconditis, e. g. quaestionibus de mundo spirituali, de omnipraesentia etc., hi ipsis
phaenomenis et omnium phaenomenorum fidissimo inter-
preti, geometriae, adversa fronte repugnant. Nam ne aper-
tum in definiendo spatio circulum, quo necessario intrican-
tur, in medium proferam, geometriam, ab apice certitudinis
deturbatam, in earum scientiarum censum reiiciunt, quarum principia sunt empirica. Nam si omnes spatii affectiones nonnisi per experientiam a relationibus externis mu-

---

nem continet limitum. Spatium, quod non est terminus alterius,
est *completum (solidum)*. Terminus solidi est *superficies*, super-
ficiei *linea*, lineae *punctum*. Ergo tria sunt terminorum genera
in spatio, quemadmodum tres dimensiones. Horum terminorum
duo (superficies et linea) ipsi sunt spatia. Conceptus *termini*
non ingreditur aliud quantum nisi spatium aut tempus.

D) *Der Raum ist nichts Objektives* und Reales, weder eine Substanz noch ein Akzidenz noch eine Relation, sondern etwas *Subjektives* und Ideales, das aus der Natur des Geistes nach einem unwandelbaren Gesetz hervorgeht, gleichsam als der Plan, alles überhaupt äußerlich Wahrgenommene sich zusammenzuordnen. Diejenigen, die die Realität des Raumes verteidigen, stellen ihn sich entweder als den *absoluten* und unendlichen *Behälter* aller möglichen Dinge vor, eine Ansicht, die nach den Engländern von den meisten Geometern geteilt wird, oder sie behaupten, er sei das Verhältnis der existierenden Dinge *selber,* das nach Aufhebung der Dinge vollkommen wegfiele und nur in wirklichen Dingen denkbar sei, wie es die meisten unserer Landsleute nach Leibniz statuieren. Was jene erste leere Erfindung der Vernunft anlangt, so gehört sie, da sie unendliche wahrhafte Relationen ohne irgendwelche aufeinander bezogene Dinge erdichtet, ins Märchenland. Die Anhänger der zweiten Ansicht aber geraten in einen noch viel schlimmeren Irrtum; denn jene stiften nur für einige Vernunftbegriffe, die sich auf die Noumena beziehen, ein Hindernis, Begriffe, die überdies dem Verstand besonders dunkel sind, wie z. B. für die Fragen nach der Geisterwelt, nach der Allgegenwart usw. Diese aber widersprechen offen den Phänomenen selber und dem treuesten Interpreten aller Phänomene, der Geometrie. Denn ohne den offenbaren Zirkel bei der Definition des Raumes, in den sie notwendig verwickelt werden, auf den Plan bringen zu wollen, ist zu sagen, daß sie die Geometrie von dem Gipfel der Gewißheit verjagen und in die Klasse jener Wissenschaften zurückwerfen, deren Prinzipien empirisch sind. Denn wenn alle Eigenschaften des Raumes nur durch Erfahrung von äußeren

---

mein dasjenige in einem stetigen Quantum, was den Grund der Schranken enthält. Der Raum, der nicht die Grenze eines anderen ist, ist ein *vollständiger* Raum. Die Grenze eines vollständigen Raumes ist eine *Fläche,* die Grenze einer Fläche eine *Linie,* die Grenze einer Linie ein *Punkt.* Also gibt es drei Arten von Grenzen im Raum, so wie drei Dimensionen. Zwei von diesen Grenzen (Fläche und Linie) sind selbst Räume. Der Begriff der *Grenze* geht auf kein anderes Quantum als Raum oder Zeit.

tuatae sunt, axiomatibus geometricis non inest universalitas
nisi comparativa, qualis acquiritur per inductionem, h. e.
aeque late patens ac observatur, neque necessitas nisi secundum stabilitas naturae leges, neque praecisio nisi arbi-
trario conficta, et spes est, ut fit in empiricis, spatium aliquando detegendi aliis affectionibus primitivis praeditum,
et forte etiam bilineum rectilineum.

    E. Quanquam *conceptus spatii,* ut obiectivi alicuius et
realis entis vel affectionis, sit imaginarius, nihilo tamen
secius *respective ad sensibilia quaecunque* non solum est
verissimus, sed et omnis veritatis in sensualitate externa
fundamentum. Nam res non possunt sub ulla specie sensibus apparere, nisi mediante vi animi, omnes sensationes
secundum stabilem et naturae suae insitam legem coordi-
nante. Cum itaque nihil omnino sensibus sit dabile nisi
primitivis spatii axiomatibus eiusque consectariis (geometria praecipiente) conformiter, quanquam horum principium non sit nisi subiectivum, tamen necessario hisce con-
sentiet, quia eatenus sibimet ipsi consentit, et leges sensualitatis erunt leges naturae, *quatenus in sensus cadere
potest.* Natura itaque geometriae praeceptis ad amussim
subiecta est, quoad omnes affectiones spatii ibi demonstra-
tas, non ex hypothesi ficta, sed intuitive data, tanquam
condicione subiectiva omnium phaenomenorum, quibus unquam natura sensibus patefieri potest. Certe, nisi conceptus spatii per mentis naturam originarie datus esset (ita, ut,
qui relationes quascunque alias, quam per ipsum praecipi-
untur, mente effingere allaboraret, operam luderet, quia
hoc ipso conceptu in figmenti sui subsidium uti coactus

Verhältnissen entlehnt sind, dann bleibt den Axiomen keine
andere Allgemeingültigkeit als die komparative, wie sie
durch Induktion erworben wird, d. h. eine solche, die gleich
weit reicht wie die Beobachtung, und es bleibt ihnen keine
Notwendigkeit als eine solche nach den gesicherten Naturgesetzen, und keine Präzision außer der willkürlich festge-
legten, und es besteht die Hoffnung, wie sie bei empirischen
Wissenschaften besteht, daß man einmal einen Raum entdecken wird, der mit anderen elementaren Eigenschaften
versehen ist, etwa ein geradliniges Zweiseit.

E) Obgleich der *Begriff des Raumes* als eines objektiven
und realen Dinges oder einer solchen Beschaffenheit ein
Produkt der Einbildungskraft ist, so ist er nichtsdestoweniger *bezogen auf irgendwelche Sinnendinge* nicht allein
ein völlig *wahrer* Begriff, sondern auch der Grund aller
Wahrheit in der äußeren Sinnlichkeit. Denn die Dinge
können den Sinnen bildhaft nur erscheinen mittels der Kraft
des Geistes, die alle Empfindungen nach einem unveränderlichen und seiner Natur innewohnenden Gesetz untereinander zusammenordnet. Da daher durchaus nichts den Sinnen
gegeben werden kann außer in Übereinstimmung mit den
Uraxiomen des Raumes und seinen Folgeeigenschaften (wie
sie die Geometrie lehrt), so wird es, obwohl deren Prinzip
nur subjektiv ist, dennoch mit Notwendigkeit mit diesen übereinstimmen, weil es sofern mit sich selbst übereinstimmt,
und die Gesetze der Sinnlichkeit werden Gesetze der Natur
sein, *insoweit sie in die Sinnen fallen kann.* Die Natur ist
daher den Vorschriften der Geometrie in Ansehung aller
Eigenschaften des Raumes, die dort demonstriert sind, aufs
genaueste unterworfen und zwar nicht auf Grund einer erdichteten, sondern einer anschaulich gegebenen Voraussetzung als einer subjektiven Bedingung aller Phänomene,
durch die sich jemals die Natur den Sinnen offenbaren kann.
Ja, wäre der Begriff des Raumes nicht durch die Natur des
Geistes ursprünglich gegeben (so daß auch nur andere Verhältnisse, als durch ihn vorgeschrieben werden, im Geiste
erdichten zu wollen, vergebliche Mühe ist, weil man bei
einer solchen Erdichtung gezwungen wäre, eben diesen Begriff selbst zu Hilfe zu ziehen), so wäre der Gebrauch der

esset), geometriae in philosophia naturali usus parum tutus foret; dubitari enim posset, an ipsa notio haec ab experientia deprompta satis cum natura consentiat, negatis forsitan, a quibus abstracta erat, determinationibus, cuius aliquibus etiam suspicio in mentem incidit. *Spatium* itaque est *principium formale mundi sensibilis* absolute primum non solum propterea, quod nonnisi per illius conceptum obiecta universi possint esse phaenomena, sed potissimum hanc ob rationem, quod per essentiam non est nisi unicum, omnia omnino externe sensibilia complectens, adeoque principium constituit *universitatis*, h. e. totius, quod non potest esse pars alterius.

Corollarium

En itaque bina cognitionis sensitivae principia, non, quemadmodum est in intellectualibus, conceptus generales, sed intuitus singulares, attamen puri; in quibus, non sicut leges rationis praecipiunt, partes et potissimum simplices continent rationem possibilitatis compositi, sed, secundum exemplar intuitus sensitivi, *infinitum continet rationem partis* cuiusque cogitabilis ac tandem simplicis s. potius *termini*. Nam, nonnisi dato infinito tam spatio quam tempore, spatium et tempus quodlibet definitum *limitando* est assignabile, et tam punctum quam momentum per se cogitari non possunt, sed non concipiuntur nisi in dato iam spatio et tempore, tanquam horum termini. Ergo omnes affectiones primitivae horum conceptuum sunt extra cancellos rationis, ideoque nullo modo intellectualiter explicari possunt. Nihilo tamen minus sunt *substrata intellectus*, e datis intuitive primis secundum leges logicas consectaria concludentis, maxima qua fieri potest certitudine. Ho-

Geometrie in der Naturwissenschaft wenig sicher, denn es
könnte durchaus bezweifelt werden, ob dieser Begriff als
ein von der Erfahrung entlehnter auch hinlänglich mit der
Natur übereinstimme, wenn etwa die Bestimmungen, von
denen er abstrahiert worden war, aufgehoben sein sollten,
ein Verdacht, der einigen Leuten auch schon in den Kopf
gekommen ist. Der *Raum* ist also ein absolut erstes *forma-*
les Prinzip der Sinnenwelt, nicht bloß deswegen, weil nur
mit Hilfe seiner Vorstellung die Gegenstände des Weltalls
Erscheinungen sein können, sondern vor allem deswegen,
weil er wesentlich einzig ist und absolut alle äußeren Sinnengegenstände in sich befaßt und daher ein Prinzip der
Allheit, nämlich eines Ganzen, das kein Teil eines anderen
sein kann, abgibt.

Folgesatz

Dies sind also die beiden Prinzipien der sinnenhaften
Erkenntnis und zwar nicht, wie es bei den intellektuellen
Erkenntnissen der Fall ist, als allgemeine Begriffe, sondern
als einzelne und doch reine Anschauungen. In ihnen enthalten nicht, wie es die Gesetze des Verstandes vorschreiben, die Bestandteile und vorzüglich die einfachen den
Grund der Möglichkeit des Zusammengesetzten, sondern
nach dem Muster der sinnenhaften Anschauung enthält hier
das *Unendliche den Grund jedes denkbaren Bestandteiles*
und schließlich auch des Einfachen oder vielmehr der
Grenze. Denn nur in dem unendlichen gegebenen Raum
und der Zeit ist jeder bestimmte Raum oder jede bestimmte
Zeit durch *Einschränkung* bestimmbar, und sowohl der
Punkt wie der Augenblick können nicht an sich gedacht
werden, sondern werden nur in einem schon gegebenen
Raum oder einer solchen Zeit als deren Grenzen begriffen.
Folglich liegen alle ursprünglichen Eigenschaften dieser
Begriffe außerhalb der Schranken der Vernunft und können
daher auf keine Weise intellektuell verständlich gemacht
werden. Nichtsdestoweniger sind sie *Grundlagen für den*
Verstand, der aus den anschaulich gegebenen Gründen nach
logischen Gesetzen Folgesätze erschließt, mit aller nur mög-

rum quidem conceptuum *alter* proprie intuitum *obiecti,*
alter *statum* concernit, inprimis *repraesentativum.* Ideo
etiam spatium *temporis* ipsius conceptui ceu typus adhibe-
tur, repraesentando hoc per *lineam* eiusque terminos (momenta) per puncta. Tempus autem *universali* atque *ratio-
nali conceptui* magis *appropinquat,* complectendo omnia
omnino suis respectibus, nempe spatium ipsum et praeterea accidentia, quae in relationibus spatii comprehensa
non sunt, uti cogitationes animi. Praeterea autem tempus
leges quidem rationi non dictitat, sed tamen praecipuas
*constituit condiciones, quibus faventibus secundum rationis
leges mens notiones suas conferre possit;* sic, quid sit impossibile, iudicare non possum, nisi de eodem subiecto *eodem
tempore* praedicans A et *non* A. Et praesertim, si intellectum advertimus ad experientiam, respectus causae et causati in externis quidem obiectis indiget relationibus spatii,
in omnibus autem tam externis quam internis, nonnisi temporis respectu opitulante, quid sit prius, quidnam posterius,
s. causa et causatum, edoceri mens potest. Et vel ipsius
spatii *quantitatem* intelligibilem reddere non licet, nisi
illud, relatum ad mensuram tanquam unitaiem, exponamus
numero, qui ipse non est nisi multitudo numerando, h. e.
in tempore dato successive unum uni addendo, distincte
cognita.

Tandem quasi sponte cuilibet oboritur quaestio, utrum
conceptus uterque sit *connatus,* an *acquisitus.* Posterius
quidem per demonstrata iam videtur refutatum, prius autem, quia viam sternit philosophiae pigrorum, ulteriorem
quamlibet indagationem per citationem causae primae irri-
tam declaranti, non ita temere admittendum est. Verum
conceptus uterque procul dubio *acquisitus est,* non a sensu quidem obiectorum (sensatio enim materiam dat, non
formam cognitionis humanae) abstractus, sed ab ipsa men-

lichen Gewißheit. Von diesen Begriffen betrifft *der eine*
eigentlich die Anschauung des *Objekts,* der andere den *Zustand,* vornehmlich den *Vorstellungszustand.* Daher dient
auch der Raum dem Begriff der *Zeit* selber als Bild, indem
man sie durch eine *Linie* darstellt und ihre Grenzen (Augenblicke) durch Punkte. Die Zeit selbst aber *nähert* sich mehr
einem *allgemeinen* und *rationalen Begriffe,* weil sie überhaupt alles durch ihre Beziehungen umfaßt, nämlich den
Raum selbst und außerdem noch die in den Relationen des
Raumes nicht befaßten Akzidenzen, wie die Überlegungen
des Geistes. Zweitens gibt zwar die Zeit der Vernunft keine
Gesetze, aber sie *liefert* doch vorzügliche *Bedingungen, unter deren Begünstigung der Geist seine Begriffe nach Ver-
nunftgesetzen vergleichen kann;* so kann ich, was unmöglich
ist, nur beurteilen, wenn ich einem und demselben Gegenstand *zu ebenderselben Zeit* A und *non* — A beilege. Drit-
tens bedarf zumal die Beziehung von Ursache und Wirkung
— wenn wir unsern Verstand auf die Erfahrung richten —
bei den äußeren Objekten zwar der räumlichen Verhältnisse, bei allen Objekten aber, sowohl äußeren als inneren,
kann der Geist sich nur mit Hilfe der Zeit belehren, was
früher und was später oder was Ursache und was Wirkung
sei. Viertens, selbst die *Größe* des Raumes kann man sich
nur verständlich machen, wenn man ihn, bezogen auf ein
Maß als Einheit, zahlenmäßig darstellt, welcher Begriff
selbst nichts anderes ist als eine Menge, die man durchs
Zählen, d. h. indem man in gegebener Zeit nacheinander
eines zu einem hinzutut, deutlich erkennt.

Endlich stößt einem jeden von selbst die Frage auf, ob
beide *Begriffe angeboren* oder *erworben* sind. Das letztere
scheint schon durch das Bewiesene widerlegt zu sein, das
erstere aber darf nicht so ohne weiteres zugelassen werden;
denn das bahnt der Philosophie der Faulen den Weg, die
gerne alle weitere Untersuchung durch Berufung auf eine
erste Ursache für unnütz erklärt. Aber ohne Zweifel sind
beide Begriffe erworben, jedoch nicht von der Wahrnehmung der Objekte abgezogen (die Wahrnehmung nämlich
gibt zwar den Stoff, aber nicht die Form der menschlichen
Erkenntnis), sondern vielmehr von der Tätigkeit des Geistes

tis actione, secundum perpetuas leges sensa sua coordi-
nante, quasi typus immutabilis, ideoque intuitive cognos-
cendus. Sensationes enim excitant hunc mentis actum, non
influunt intuitum, neque aliud hic connatum est nisi lex
animi, secundum quam certa ratione sensa sua e praesentia
obiecti coniungit.

selbst, der seine Empfindungen nach ewigen Gesetzen sich zusammenordnet, gleichsam als unwandelbare Urbilder und daher anschaulich erkennbar. Denn die Empfindungen veranlassen nur diese Tätigkeit des Geistes, beeinflussen aber nicht die Anschauung, und es ist hier nichts weiter angeboren als das Gesetz des Geistes, nach welchem er das auf Grund der Gegenwart eines Objekts Empfundene auf gewisse Weise verbindet.

SECTIO IV

De principio formae mundi intelligibilis

§ 16

Qui spatium et tempus pro reali aliquo et absolute necessario omnium possibilium substantiarum et statuum quasi
vinculo habent, haud quidquam aliud requiri putant ad
concipiendum, quipote exsistentibus pluribus quidam respectus originarius competat, ceu influxuum possibilium
condicio primitiva et formae essentialis universi principium.
Nam quia, quaecunque exsistunt, ex ipsorum sententia
necessario sunt alicubi, cur sibi certa ratione praesto sint, in-
quirere supervacaneum ipsis videtur, quoniam id ex spatii,
omnia comprehendentis, universitate per se determinetur.
Verum praeterquam, quod hic conceptus, uti iam demonstratum est, subiecti potius leges sensitivas quam ipsorum obiectorum condiciones attineat, si vel maxime illi realitatem
largiaris, tamen non denotat, nisi intuitive datam coordina-
tionis universalis possibilitatem, adeoque nihilo minus in-
tacta manet quaestio, nonnisi intellectui solubilis: *quonam
principio ipsa haec relatio omnium substantiarum nitatur,
quae intuitive spectata vocatur spatium.* In hoc itaque
cardo vertitur quaestionis de principio formae mundi intelligibilis, ut pateat, quonam pacto possibile sit, *ut plures
substantiae in mutuo sint commercio* et hac ratione perti-
neant ad idem totum, quod dicitur mundus. Mundum
autem hic non contemplamur quoad materiam, i. e. sub-

IV. ABSCHNITT

Vom Prinzip der Form der Verstandeswelt

§ 16

Diejenigen, die den Raum und die Zeit für eine reale und absolut notwendige Fessel (gewissermaßen) aller möglichen Substanzen und Zustände halten, glauben nichts weiter zu bedürfen, um zu begreifen, wie mehreren wirklichen Dingen eine gewisse ursprüngliche Beziehung zukommen könne, die als Grundbedingung der möglichen Einflüsse und Prinzip der wesentlichen Form des Weltalls fungiert. Denn weil nach ihrer Meinung alles, was existiert, notwendigerweise irgendwo ist, scheint es ihnen überflüssig zu sein, noch weiter zu untersuchen, warum dergleichen sich auf eine bestimmte Weise gegenwärtig ist, da dies ja schon aus der Allheit des allumfassenden Raumes selber bestimmt würde. Allein außer der Tatsache, daß dieser Begriff, wie schon erwiesen, mehr die Gesetze der Sinnlichkeit des Subjekts als die Bedingungen der Objekte selber betrifft, so bedeutet er doch in jedem Falle, auch wenn man ihm die Realität noch so sehr zugesteht, nichts weiter als die anschaulich gegebene Möglichkeit einer durchgängigen Zusammenordnung, und es bleibt also nichtsdestoweniger die Frage, die nur der reine Intellekt lösen kann, ganz unberührt, *auf welchem Grunde nämlich an sich die Relation aller Substanzen beruhe, die anschaulich vorgestellt der Raum heißt.* Hierum also dreht sich der Angelpunkt der Frage nach dem Prinzip der Verstandeswelt, daß erhelle, auf welche Weise es möglich ist, *daß mehrere Substanzen in einer wechselseitigen Gemeinschaft* stehen und auf Grund davon zu einem und demselben Ganzen gehören, das man die Welt nennt. Die Welt aber erwägen wir hier nicht bezüglich ihrer Materie, d. h. betreffs der Natur der Substan-

stantiarum, quibus constat, naturas, utrum sint materiales
an immateriales, sed quoad formam, h. e. quipote generatim inter plures locum habeat nexus et inter omnes totalitas.

§ 17

Datis pluribus substantiis, *principium commericii* inter
illas possibilis *non sola ipsarum exsistentia constat*, sed
aliud quid praeterea requiritur, ex quo relationes mutuae
intelligantur. Nam propter ipsam subsistentiam non respiciunt aliud quicquam necessario, nisi forte sui causam,
at causati respectus ad causam non est commercium, sed
dependentia. Igitur, si quoddam illis cum aliis commercium
intercedat, ratione peculiari, hoc praecise determinante,
opus est.

Et in hoc quidem consistit influxus physici πρωτον ψευδος
secundum vulgarem ipsius sensum: quod commercium
substantiarum et vires transeuntes per solam ipsarum ex-
sistentiam affatim cognoscibiles temere sumat, adeoque
non tam sit systema aliquod quam potius omnis systematis
philosophici, tanquam in hoc argumento superflui, neglec-
tus. A qua macula si hunc conceptum liberamus, habemus
commercii genus, quod unicum reale dici et a quo mundi
totum reale, non ideale aut imaginarium dici meretur.

§ 18

Totum e substantiis necessariis est impossibile. Quoniam
enim sua cuique exsistentia abunde constat, citra omnem

zen, aus denen sie besteht, ob sie materiellen oder immateriellen Charakter haben, sondern eben ihrer Form nach, d. h. im Hinblick darauf, wie allgemein unter mehreren eine Verknüpfung und unter allen die Totalität statthaben kann.

§ 17

Wenn es mehrere Substanzen gibt, dann besteht das *Prinzip* einer unter ihnen möglichen *Wechselwirkung nicht allein in ihrer bloßen Existenz*, sondern es wird darüber hinaus noch etwas anderes erfordert, woraus man die wechselseitigen Relationen verstehen kann. Denn wegen der bloßen Subsistenz beziehen sie sich nicht notwendig auf irgend etwas anderes außer etwa ihre Ursache. Aber das Verhältnis der Wirkung zur Ursache ist keine Wechselwirkung, sondern einseitige Abhängigkeit. Im Falle also, daß die einen mit den anderen in Wechselwirkung stehen, bedarf es eines besonderen Grundes, der eben dieses exakt bestimmt.

Und eben hierin besteht die Grundfalschheit des physischen Einflusses, so wie man ihn sich gewöhnlichermaßen vorstellt, daß nämlich die Wechselwirkung der Substanzen und die nach außen wirkenden Kräfte als durch die bloße Existenz der Substanzen hinreichend verständlich grundlos angenommen werden, so daß dies also nicht so sehr eine Theorie als vielmehr die Vernachlässigung jeder philosophischen Theorie, gleich als wenn sie hierbei ganz überflüssig wäre, darstellt. Nur wenn wir diesen Begriff von diesem Mangel befreien, dann allein haben wir eine Art der Wechselwirkung, welche einzig real genannt werden kann, und von der her allein das Weltganze ebenfalls real und nicht ideal oder bloß in der Einbildung bestehend genannt werden kann.

§ 18

Ein Ganzes aus notwendig existierenden Substanzen ist unmöglich. Weil nämlich für eine jede ihre Existenz hinläng-

ab alia quavis dependentiam, quae plane in necessaria non cadit: patet, non solum commercium substantiarum (h. e. dependentiam statuum reciprocam) ex ipsarum exsistentia non consequi, sed ipsis tanquam necessariis competere omnino non posse.

§ 19

Totum itaque substantiarum est totum contingentium, et *mundus, per suam essentiam, meris constat contingentibus.* Praeterea nulla substantia necessaria est in nexu cum mundo, nisi ut causa cum causato, ideoque non ut pars cum complementis suis ad totum (quia nexus compartium est mutuae dependentiae, quae in ens necessarium non cadit). Causa itaque mundi est ens extramundanum, adeoque non est anima mundi, nec praesentia ipsius in mundo est localis, sed virtualis.

§ 20

Substantiae mundanae sunt entia ab alio, sed non a diversis, sed *omnia ab uno.* Fac enim illas esse causata plurium entium necessariorum: in commercio non essent effectus, quorum causae ab omni relatione mutua sunt alienae. Ergo UNITAS *in coniunctione substantiarum universi est consectarium dependentiae omnium ab uno.* Hinc forma universi testatur de causa materiae et nonnisi *causa universorum unica est causa universitatis,* neque est mundi *architectus,* qui non sit simul *creator.*

lich feststeht unabhängig von der Abhängigkeit von irgend
einer anderen, die bei notwendig existierenden eben nicht
statthaben kann, so erhellt, daß die Wechselwirkung der
Substanzen (d. i. die wechselseitige Abhängigkeit ihrer Zustände) nicht allein aus ihrer bloßen Existenz nicht folgt,
sondern sogar ihnen als notwendig existierenden Dingen
unmöglich zukommen kann.

§ 19

Ein Ganzes von Substanzen ist also ein Ganzes von zufällig existierenden Wesen, und *die Welt besteht ihrem
Wesen nach aus lauter zufällig existierenden Dingen.* Ferner aber steht keine notwendig existierende Substanz in
einer anderen Verknüpfung mit der Welt als der der Ursache mit ihrer Wirkung und also nicht als Teil mit seinen
Ergänzungsstücken zur Totalität (weil die Verknüpfung der
Teile die der wechselseitigen Abhängigkeit ist, die es bei
einem notwendig existierenden Wesen nicht gibt). Die Ursache der Welt ist also ein außerweltliches Wesen, daher
auch nicht die Seele der Welt, und ihre Gegenwärtigkeit in
der Welt ist nicht eine räumliche, sondern rein dynamische.

§ 20

*Die Substanzen, die zu einer Welt gehören, sind Wesen,
die von einem anderen Wesen stammen,* aber nicht von verschiedenen, sondern *alle von einem einzigen.* Denn nimm
an, sie seien Wirkungen mehrerer notwendig existierender
Wesen: so würden die Wirkungen, deren Ursachen von
aller Wechselbeziehung frei sind, nicht in Wechselwirkung
stehen. Also *ist die* EINHEIT *in der Verknüpfung der Substanzen des Weltalls eine Folge der Abhängigkeit aller von
Einem.* Daher ist die Form des Universums ein Zeugnis für
die Existenz einer Ursache der Materie, und nur die *allei-
nige Ursache von allen ist die Ursache der Allheit,* und es
gibt keinen *Weltenbaumeister,* der nicht zugleich *Welt-
schöpfer* wäre.

§ 21

Si plures forent causae primae ac necessariae cum suis causatis, eorum opificia essent *mundi,* non *mundus,* quia nullo modo connecterentur ad idem totum; et vice versa si sint plures mundi extra se actuales, dantur plures causae primae ac necessariae, ita tamen, ut nec mundus unus cum altero, nec causa unius cum mundo causato alterius in ullo sint commercio.

Plures itaque mundi extra se actuales *non per ipsum sui conceptum sunt impossibiles* (uti Wolffius per notionem complexus s. multitudinis, quam ad totum, qua tale, sufficere putavit, perperam conclusit), sed sub sola hac condicione, *si unica tantum exsistat causa omnium necessaria.* Si vero admittantur plures, *erunt plures mundi,* in sensu strictissimo metaphysico, *extra se possibiles.*

§ 22

Si, quemadmodum a dato mundo ad causam omnium ipsius partium unicam valet consequentia, ita etiam vice versa a data causa communi omnibus ad nexum horum inter se, adeoque ad formam mundi, similiter procederet argumentatio (quanquam fateor hanc conclusionem mihi non aeque perspicuam videri), nexus substantiarum primitivus non foret contingens, sed *per sustentationem* omnium *a principio communi* necessarius, adeoque harmonia proficiscens ab ipsa earum subsistentia, fundata in causa communi, procederet secundum regulas communes. *Harmoniam* autem talem voco *generaliter stabilitam,* cum illa, quae locum non habet, nisi quatenus status quilibet substantiae

§ 21

Wenn es mehrere ursprüngliche und notwendig existierende Ursachen mit ihren Wirkungen gäbe, dann würden ihre Werke *Welten* und nicht die *Welt* sein, weil sie auf keine Weise zu ebendemselben Ganzen verknüpft wären: und umgekehrt, wenn es mehrere wirkliche Welten außereinander gäbe, so gibt es auch mehrere ursprüngliche und notwendig existierende Ursachen, so jedoch, daß weder eine Welt mit der anderen, noch die Ursache der einen mit einer Welt, die von einer anderen verursacht wäre, in irgendeiner Wechselwirkung stünde.

Es sind also mehrere außer einander wirkliche Welten *nicht durch den bloßen Begriff davon unmöglich* (wie Wolff aus dem Begriff des Inbegriffs oder der Menge, den er als zu einem Ganzen als solchem für zureichend hielt, unrichtig schloß), sondern nur unter der Bedingung, *daß nur eine einzige notwendig existierende Ursache aller Dinge überhaupt existiert.* Wenn also mehrere zugelassen werden, dann *werden* auch im striktesten metaphysischen Sinne *mehrere Welten außerhalb einander möglich sein.*

§ 22

Wenn so, wie der Schluß von einer gegebenen Welt auf eine einzige Ursache aller ihrer Teile gilt, so auch umgekehrt von der gegebenen gemeinsamen Ursache aller Dinge auf ihre Verknüpfung untereinander und also auf die Weltform der Schluß gälte (obwohl ich gestehe, daß mir dieser Schluß nicht ebenso deutlich zu sein scheint), dann würde die ursprüngliche Verknüpfung der Substanzen nicht zufällig sein, sondern *vermöge der Erhaltung* aller *durch ein gemeinsames Prinzip* notwendig, und so würde die Harmonie, die sich aus ihrer auf eine gemeinsame Ursache gegründeten Subsistenz ergibt, nach schlechthin allgemeinen Gesetzen zustande kommen. Eine solche *Harmonie* nun nenne ich eine *universell gegründete,* dahingegen jene, die nur stattfindet, sofern alle beliebigen Zustände einer Substanz dem

individuales adaptantur statui alterius, sit *harmonia singulariter stabilita* et commercium e priori harmonia sit reale et *physicum,* et posteriori autem ideale et *sympatheticum.* Commercium itaque omne substantiarum universi est *externe stabilitum* (per causam omnium communem), et vel generaliter stabilitum per influxum physicum (emendatiorem), vel individualiter ipsarum statibus conciliatum, posterius autem vel per primam cuiusvis substantiae constitutionem *originarie* fundatum, vel *occasione* cuiuslibet mutationis impressum, quorum illud *harmonia praestabilita,* hoc *occasionalismus* audit. Si itaque per sustentationem omnium substantiarum ab uno *necessaria* esset *coniunctio* omnium, qua constituunt unum, commercium substantiarum universale erit per *influxum physicum,* et mundus totum reale; sin minus, commercium erit sympatheticum (h. e. harmonia absque vero commercio) et mundus nonnisi totum ideale. Mihi quidem, quanquam non demonstratum, tamen abunde etiam aliis ex rationibus probatum est prius.

Scholion

Si pedem aliquantulum ultra terminos certitudinis apodicticae, quae metaphysicam decet, promovere fas esset, operae pretium videtur quaedam, quae pertinent ad intuitus sensitivi non solum leges, sed etiam causas, per *intellectum* tantum cognoscendas, indagare. Nempe mens humana non afficitur ab externis, mundusque ipsius adspectui non patet in infinitum, nisi *quatenus ipsa cum omnibus aliis sustentatur ab eadem vi infinita unius.* Hinc non sentit externa, nisi per praesentiam eiusdem causae sustentatricis communis,

Zustand einer anderen angepaßt werden, eine *singulär gegründete Harmonie* wäre, und die Wechselwirkung auf Grund der ersteren Harmonie wäre eine reale und *physische*, die auf Grund der zweiten aber eine ideale und *sympathetische*. Die Wechselwirkung der Substanzen des Weltalls ist also allemal durch *etwas Äußeres gegründet* (durch die gemeinsame Ursache aller) und im einzelnen entweder universell gegründet durch den physischen Einfluß (in seiner verbesserten Form) oder individuell ihren Zuständen angepaßt. Diese letztere Form der Wechselwirkung aber ist entweder durch die Grundverfassung einer jeden Substanz *ursprünglich* begründet oder bei *Gelegenheit* einer jeden Veränderung eingeprägt, wovon jene Form *prästabilierte Harmonie*, diese *Okkasionalismus* heißt. Wenn also, wegen der Erhaltung aller Substanzen durch ein einziges Wesen eine *Verbindung* aller, durch die sie eines ausmachen, *notwendig* wäre, dann wird die allgemeine Wechselwirkung der Substanzen auf dem *natürlichen Einfluß* beruhen und die Welt ein reales Ganzes sein, wenn nicht, wird die Wechselwirkung sympathetisch (d. i. Harmonie ohne wahre Wechselwirkung) und die Welt ein bloß ideales Ganzes. Mir freilich ist das erste wiewohl nicht demonstriert, dennoch aber aus anderen Gründen hinreichend gesichert.

Erläuterung

Wenn es recht wäre, ein wenig die Grenzen der apodiktischen Gewißheit, die der Metaphysik geziemt, zu verlassen, scheint es der Mühe wert zu sein, etwas, was nicht nur die Gesetze der sinnlichen Anschauung, sondern auch deren Ursachen, die nur der reine *Intellekt* erkennen kann, betrifft, aufzuspüren. Nämlich der menschliche Geist wird von äußeren Dingen nur dann beeinflußt und die Welt steht seiner Anschauung nur dann ins Unendliche offen, *insofern er zusammen mit allen anderen Dingen von einer und derselben unendlichen Kraft eines einzigen Wesens erhalten wird.* Er empfindet also Äußeres allein durch die Gegenwart ebenderselben gemeinschaftlichen erhaltenden Ur-

ideoque spatium, quod est condicio universalis et necessaria
compraesentiae omnium sensitive cognita, dici potest
OMNIPRAESENTIA PHAENOMENON. (Causa enim universi non
est omnibus atque singulis propterea praesens, quia est in
ipsorum locis, sed sunt loca h. e. relationes substantiarum
possibiles, quia omnibus intime praesens est.) Porro, quoniam
possibilitas mutationum et successionum omnium, cuius
principium, quatenus sensitive cognoscitur, residet in
conceptu temporis, supponit perdurabilitatem subiecti,
cuius status oppositi succedunt, id autem, cuius status
fluunt, non durat, nisi sustentetur ab alio: conceptus temporis tanquam unici infiniti et immutabilis[7], in quo sunt
et durant omnia, est *causae* generalis *aeternitas phaenomenon.* Verum consultius videtur littus legere cognitionum
per intellectus nostri mediocritatem nobis concessarum,
quam in altum indagationum eiusmodi mysticarum provehi,
quemadmodum fecit Malebranchius, cuius sententia ab ea,
quae hic exponitur, proxime abest: *nempe nos omnia intueri
in Deo.*

---

[7] Temporis momenta non sibi videntur succedere, quia hoc
pacto aliud adhuc tempus ad momentorum successionem
praemittendum esset; sed per intuitum sensitivum actualia quasi
per seriem continuam momentorum descendere videntur.

sache, und daher kann der Raum, weil er die sinnlich erkannte allgemeine und notwendige Bedingung des einander
Gegenwärtigseins von allem ist, die ALLGEGENWART IN DER
ERSCHEINUNG genannt werden (die Ursache nämlich des
Universums ist allem und jedem nicht deshalb gegenwärtig,
weil sie sich an deren Örtern befindet, sondern es gibt Örter, d. h. mögliche Relationen der Substanzen, weil sie allen
innigst gegenwärtig ist). Ferner: weil die Möglichkeit aller
Veränderungen und Abfolgen, deren Prinzip, soweit es sinnlich erkannt wird, in der Vorstellung der Zeit ruht, die Be-
harrlichkeit des Subjekts, dessen entgegengesetzte Zustände
einander folgen, voraussetzt, das aber, dessen Zustände
fließen, nur dauert, wenn es von einem anderen erhalten
wird, so ist die Vorstellung der Zeit als eines einzigen Unendlichen und Unveränderlichen [7], in dem alles liegt und
dauert, *die Ewigkeit* der allgemeinen *Ursache in der Erscheinung.* Aber es scheint rätlicher zu sein, am Gestade
der Erkenntnisse, die uns vermöge der Schranken unseres
Verstandes vergönnt sind, zu bleiben, als auf das hohe
Meer solcher mystischen Untersuchungen hinauszusteuern,
wie sie Malebranche unternahm, dessen Lehre derjenigen,
die ich eben erörtere, sehr nahe kommt: *nämlich daß wir
alles in Gott schauen.*

---

[7] Nicht die Augenblicke der Zeit scheinen sich zu folgen, weil
auf diese Weise zur Aufeinanderfolge der Augenblicke noch eine
andere Zeit vorausgesetzt werden müßte, sondern auf Grund
der sinnlichen Anschauung scheint alles Wirkliche gleichsam
durch eine stetige Reihe von Augenblicken hindurch zu verfließen.

SECTIO V

De methodo circa sensitiva et intellectualia in metaphysicis.

§ 23

In omnibus scientiis, quarum principia intuitive dantur, vel per intuitum sensualem (experientiam), vel per intuitum sensitivum quidem, at purum (conceptus spatii, temporis et numeri), h. e. in scientia naturali et mathesi, *usus dat methodum*, et tentando atque inveniendo, postquam scientia ad amplitudinem aliquam et concinnitatem provecta est, elucescit, qua via atque ratione incedendum sit, ut fiat consummata et, abstersis maculis tam errorum quam confusarum cogitationum, purior nitescat; perinde ac grammatica post usum uberiorem sermonis, stilus post poëmatum aut orationum elegantia exempla regulis et disciplinae ansam praebuerunt. *Usus* autem *intellectus* in talibus scientiis, quarum tam conceptus primitivi quam axiomata sensitivo intuitu dantur, non est nisi *logicus*, h. e. per quem tantum cognitiones sibi invicem subordinamus quoad universalitatem conformiter principio contradictionis, phaenomena phaenomenis generalioribus, consectaria intuitus puri axiomatibus intuitivis. Verum in philosophia pura, qualis est metaphysica, in qua usus intellectus circa principia est *realis*, h. e. conceptus rerum et relationum primitivi atque ipsa axiomata per ipsum intellectum purum primitive dan-

V. ABSCHNITT

Über die Methode der sinnlichen und intellektuellen
Erkenntnisse in der Metaphysik

§ 23

In allen Wissenschaften, deren Prinzipien durch die Anschauung gegeben werden, sei es durch die eigentliche
sinnliche Anschauung (durch Erfahrung), sei es durch die
zwar sinnenhafte, aber reine Anschauung (durch die Begriffe des Raumes, der Zeit und der Zahl), also in der
Naturwissenschaft und in der Mathematik, da *liefert der
Gebrauch die Methode,* und durch Versuche und Erfindun-
gen erhellt, nachdem die Wissenschaft schon zu einigem
Umfang und einiger Festigkeit gelangt ist, auf welche
Weise es anzufangen ist, daß sie zur Vollständigkeit und
immer größeren Reinheit von den Flecken der Irrtümer
wie der Unklarheiten gelangt. Ebenso haben auch die
Grammatiker, nachdem der Gebrauch der Rede reichlicher,
und die Stilisten nach der Erscheinung geschmackvoller
Muster von Gedichten und Reden den Ansatz zu Regeln
und Theorie gegeben. Der *Gebrauch* aber des *Intellekts* ist
in solchen Wissenschaften, deren Grundbegriffe und Axiome
durch die sinnliche Anschauung gegeben werden, bloß
logisch, d. h. ein solcher, durch den wir die Erkenntnisse
nur in Ansehung der Allgemeinheit gemäß dem Prinzip
des Widerspruchs einander unterordnen, Phänomene den
Grundphänomenen, Folgeverhältnisse der reinen Anschauung den Axiomen der Anschauung. Aber in der reinen
Philosophie, zu der die Metaphysik gehört, in der der *Gebrauch des Verstandes* in Ansehung der Prinzipien *real* ist,
d. h. wo die Grundbegriffe der Sachen und Verhältnisse
und die Axiome selber durch den reinen Verstand selbst
ursprünglich gegeben werden, und sie, eben weil sie keine

tur, et, quoniam non sunt intuitus, ab erroribus non sunt
immunia, *methodus antevertit omnem scientiam*, et, quid-
quid tentatur ante huius praecepta probe excussa et firmiter stabilita, temere conceptum et inter vana mentis ludibria
reiiciendum videtur. Nam, cum rectus rationis usus hic ipsa
principia constituat, et tam obiecta quam, quae de ipsis cogi-
tanda sunt, axiomata per ipsius indolem solam primo innotes-
cant, expositio legum rationis purae est ipsa scientiae genesis,
et earum a legibus supposititiis distinctio criterium veritatis.
Hinc, quoniam methodus huius scientiae hoc tempore cele-
brata non sit, nisi qualem logica omnibus scientiis generaliter praecipit, illa autem, quae singulari metaphysicae
ingenio sit accommodata, plane ignoretur, mirum non est,
quod huius indaginis studiosi saxum suum Sisypheum
volvendo in aevum vix aliquid adhucdum profecisse videantur. Quanquam autem mihi hic nec animus est nec copia
fusius de tam insigni et latissime patenti argumento disserendi, tamen, quae partem huius methodi haud contemnen-
dam constituunt, nempe *sensitivae cognitionis cum intellectuali contagium*, non quatenus solum incautis obrepit in
applicatione principiorum, sed ipsa principia spuria sub
specie axiomatum effingit, brevibus iam adumbrabo.

§ 24

Omnis metaphysicae circa sensitiva atque intellectualia
methodus ad hoc potissimum praeceptum redit: sollicite
cavendum esse, *ne principia sensitivae cognitionis domestica
terminos suos migrent ac intellectualia afficiant.* Nam quia

Anschauungen sind, auch nicht gegen Irrtümer gefeit sind, da *geht die Methode der Wissenschaft vorauf,* und alles, was man eher versucht, als man deren Grundsätze geläutert und gesichert hat, muß, wie es scheint, als willkürlich erdichtet unter die eitlen Spielereien des Geistes gerechnet werden; denn da der richtige Gebrauch der Vernunft hier die Prinzipien selbst gründet und sowohl die Objekte wie die von ihnen zu denkenden Axiome durch die Beschaffenheit dieser Vernunft allein zuerst bekannt werden, so ist die Darlegung der Gesetze der reinen Vernunft selbst die Erzeugung der Wissenschaft und die Scheidung dieser wahren Gesetze von bloß untergeschobenen das Kriterium der Wahrheit. Da nun die Methode dieser Wissenschaft heutzutage nicht bekannt ist, außer derjenigen, die die Logik allen Wissenschaften überhaupt vorschreibt, jene aber, die der eigentümlichen Natur der Metaphysik angepaßt ist, absolut dunkel ist, so ist es nicht verwunderlich, daß die Liebhaber dieser Art von Nachforschung nur immer gleichsam ihren Stein des Sisyphus gewälzt und bis jetzt, wie es scheint, kaum etwas zuwege gebracht haben. Obwohl ich jetzt weder die Absicht noch die Mittel habe, mich weitläufiger über dieses ausgezeichnete und viel umfassende Problem auszulassen, will ich dennoch etwas, was einen unverächtlichen Teil dieser Methode ausmacht, kurz umreißen, nämlich *den ansteckenden Einfluß der sinnlichen und der intellektuellen Erkenntnis auf einander,* und zwar nicht nur insofern er Unvorsichtige bei der Anwendung der Prinzipien hintergeht, sondern selber unechte Prinzipien unter dem Schein von Axiomen erdichtet.

§ 24

Die ganze Methode der Metaphysik in Ansehung der sinnlichen und der intellektuellen Prinzipien beruht vorzüglich auf dieser Grundregel: Man muß sorgfältig verhüten, *daß die eigentümlichen Prinzipien der sinnlichen Erkenntnis ihre Grenzen überschreiten und die intellektuellen Prinzipien beeinflussen.* Denn weil das *Prädikat* in jedem Ur-

praedicatum in quolibet iudicio, intellectualiter enuntiato, *est condicio*, absque qua subiectum cogitabile non esse asseritur, adeoque praedicatum sit cognoscendi principium: si est conceptus sensitivus, non erit nisi condicio sensitivae cognitionis possibilis, adeoque apprime quadrabit in subiectum iudicii, cuius conceptus itidem est sensitivus. At si admoveatur conceptui intellectuali, iudicium tale nonnisi secundum leges subiectivas erit validum, hinc de notione intellectuali ipsa non praedicandum et obiective efferendum, sed *tantum ut condicio, absque qua sensitivae cognitioni conceptus dati locus non est* [8]. Quoniam autem praestigiae intellectus, per subornationem conceptus sensitivi, tanquam notae intellectualis, dici potest (secundum analogiam significatus recepti) *vitium subreptionis*, erit permutatio intellectualium et sensitivorum *vitium subreptionis metaphysicum (phaenomenon intellectuatum*, si barbarae voci venia est), adeoque axioma tale *hybridum*, quod

---

[8] Fecundus et facilis est huius criterii usus in dinoscendis principiis, quae tantum leges cognitionis sensitivae enuntiant, ab iis, qua praeterea aliquid circa obiecta ipsa praecipiunt. Nam si praedicatum sit conceptus intellectualis, respectus ad subiectum iudicii, quantumvis sensitive cogitatum, denotat semper notam obiecto ipsi competentem. At *si praedicatum sit conceptus sensitivus*, quoniam leges cognitionis sensitivae non sunt condiciones possibilitatis rerum ipsarum, de *subiecto* iudicii *intellectualiter cogitato* non valebit, adeoque obiective enuntiari non poterit. Sic in vulgari illo axiomate: *quicquid exsistit, est alicubi*, cum praedicatum contineat condiciones cognitionis sensitivae, non poterit de subiecto iudicii, nempe *exsistenti* quolibet, generaliter enuntiari; adeoque formula haec obiective praecipiens falsa est. Verum si convertatur propositio, ita ut praedicatum fiat conceptus intellectualis, emerget verissima, uti: *quicquid est alicubi, exsistit*.

teil, das begrifflich formuliert ist, die *Bedingung* ist, ohne welche der Gegenstand der Behauptung nach nicht denkbar ist, das Prädikat also das Prinzip der Erkenntnis sein soll, so wird der Begriff, wenn er ein zur Sinnlichkeit gehöriger ist, nur mögliche Bedingung einer sinnlichen Erkenntnis sein und daher vorzüglich auf das Subjekt eines Urteils passen, dessen Begriff ebenfalls zur Sinnlichkeit gehört. Aber wenn man ihn auf einen intellektuellen Begriff anwendet, dann wird ein solches Urteil nur nach subjektiven Gesetzen gültig sein, und man darf ihn folglich nicht als objektives Prädikat von dem intellektuellen Begriff selbst aussagen, sondern *nur als Bedingung, ohne die eine sinnliche Erkenntnis des gegebenen Begriffs nicht stattfindet* [8]. Da das Blendwerk des Verstandes, sinnenhafte Begriffe als intellektuelle Merkmale auszuputzen, in Analogie zu einer üblichen Bezeichnung ein *Erschleichungsfehler* genannt werden kann, so wird die Verwechslung intellektueller und sinnlicher Prinzipien ein *metaphysischer Erschleichungsfehler* sein (ein *intellektuiertes Phänomen*, wenn man diesen barbarischen Ausdruck gestattet), und daher nenne ich ein solches *zwit-*

---

[8] Der Gebrauch dieses Kriteriums, um solche Prinzipien, welche nur Gesetze der sinnlichen Erkenntnisse aussprechen, von solchen, die außerdem etwas über die Objekte selbst bestimmen, zu unterscheiden, ist fruchtbar und leicht. Denn wenn das Prädikat ein intellektueller Begriff ist, dann bezeichnet seine Beziehung auf das Subjekt des Urteils, mag dieses auch noch so sinnlich gedacht sein, immer ein dem Dinge an sich zukommendes Merkmal. Dagegen *wenn das Prädikat ein sinnhafter Begriff ist*, so wird es, da die Gesetze der sinnenhaften Anschauung nicht Bedingungen der Möglichkeit der Dinge selber sind, von einem rein intellektuell *gedachten Urteilsgegenstand* nicht gelten und also nicht objektiv gültig ausgesprochen werden können. Man nehme etwa das populäre Axiom: *Alles, was existiert, ist irgendwo.* Da hier das Prädikat Bedingungen der sinnlichen Erkenntnis enthält, wird es nicht von dem Subjekt des Urteils, nämlich dem *Existierenden* überhaupt, allgemein ausgesagt werden können. Diese Formel, als objektiver Grundsatz genommen, ist also falsch. Kehrt man aber den Satz um, so daß dann das Prädikat ein intellektueller Begriff wird, dann entspringt ein durchaus wahrer Grundsatz, nämlich: *Alles, was irgendwo ist, existiert.*

sensitiva pro necessario adhaerentibus conceptui intellectuali venditat, mihi vocatur *axioma subrepticium.* Et ex
hisce quidem axiomatibus spuriis prodierunt principia
fallendi intellectus per omnem metaphysicam pessime
grassata. Ut autem habeamus, quod in promptu sit et luculenter cognoscibile, horum iudiciorum criterium et veluti
Lydium lapidem, quo illa dinoscamus a genuinis, simulque,
si forsan firmiter adhaerere intellectui videantur, artem
quandam docimasticam, cuius ope, quantum pertineat ad
sensitiva, quantum ad intellectualia, aequa fieri possit
aestimatio, altius in hanc quaestionem descendendum esse
puto.

§ 25

En igitur Principium Reductionis axiomatis cuiuslibet
subrepticii: *si de conceptu quocunque intellectuali generaliter quicquam praedicatur, quod pertinet ad respectus
Spatii atque Temporis: obiective non est enuntiandum et
non denotat nisi condicionem, sine qua conceptus datus
sensitive cognoscibilis non est.* Quod eiusmodi axioma sit
spurium et, si non falsum, saltim temere et precario asser-
tum, inde liquet: quia, cum subiectum iudicii intellectualiter concipiatur, pertinet ad obiectum, praedicatum autem,
cum determinationes spatii ac temporis contineat, pertinet
tantum ad condiciones sensitivae cognitionis humanae, quae,
quia non cuilibet cognitioni eiusdem obiecti necessario adhaeret, de dato conceptu intellectuali universaliter enuntiari non
potest. Quod autem intellectus huic subreptionis vitio tam
facile subiiciatur, inde est, quia sub patrocinio alius cuiusdam regulae verissimae deluditur. Recte enim supponimus:
*quicquid ullo plane intuitu cognosci non potest, prorsus non
esse cogitabile,* adeoque impossibile. Quoniam autem alium
intuitum, praeter eum, qui fit secundum formam spatii ac

terartiges Axiom, das etwas Sinnenhaftes für etwas dem intellektuellen Begriff notwendig Anhängendes verkauft, ein *erschlichenes Axiom*. Aus solchen unechten Axiomen nun gehen die Prinzipien der Täuschung des Intellekts hervor, die über die ganze Metaphysik so gräßlich verbreitet sind. Um aber für diese Urteile ein deutlich erkennbares Kriterium und gleichsam einen Prüfstein, durch welchen wir sie von den echten unterscheiden können, wie auch, wenn sie dem Verstande hartnäckig anhängen sollten, eine gewisse Prüfkunst bei der Hand zu haben, mittels derer man, was zur sinnlichen Erkenntnis und was zur intellektuellen gehört, unparteiisch schätzen kann, halte ich es für richtig, etwas tiefer in die Untersuchung einzugehen.

§ 25

Das Prinzip der Reduktion eines jeden erschlichenen Axioms lautet: *Wenn von irgendeinem intellektuellen Begriff etwas allgemein ausgesagt wird, was zu den Verhältnissen* des Raumes und der Zeit *gehört, so darf es nicht objektiv ausgesprochen werden und bedeutet nur die Bedingung, ohne die der gegebene Begriff nicht sinnlich erkennbar ist.* Daß aber ein solches Axiom unecht ist und wenn nicht falsch, so doch wenigstens grundlos und bittweise behauptet wird, leuchtet daher ein, weil das Subjekt des Urteils, wenn es intellektuell gedacht wird, zum Objekt an sich gehört, das Prädikat aber, weil es Bestimmungen des Raumes und der Zeit enthält, nur zur menschlichen sinnlichen Erkenntnis gehört, die, da sie nicht einer jeden möglichen Erkenntnis dieses Objektes notwendig anhängt, von dem gegebenen intellektuellen Begriff nicht allgemein ausgesprochen werden kann. Daß aber der Verstand diesem Erschleichungsfehler so leicht verfällt, rührt daher, daß er unter dem Schutz einer anderen sehr wahren Regel hintergangen wird. Wir nehmen nämlich mit Recht an: *Was nicht in irgendeiner Anschauung erkannt werden kann, das ist überhaupt nicht denkbar* und also unmöglich. Da wir nun eine andere Anschauung als diejenige ist, die gemäß der

temporis, nullo mentis conatu ne fingendo quidem assequi
possumus, accidit, ut omnem omnino intuitum, qui hisce
legibus adstrictus non est, pro impossibili habeamus (intuitum purum intellectualem et legibus sensuum exemptum,
qualis est divinus, quem Plato vocat ideam, praetereuntes),
ideoque omnia possibilia axiomatibus sensitivis spatii ac
temporis subiiciamus.

§ 26

Omnes autem sensitivarum cognitionum sub specie
intellectualium praestigiae, e quibus oriuntur axiomata
subrepticia, ad tres species revocari possunt, quarum
formulas generales has habeto:

1. Eadem condicio sensitiva, sub qua sola *intuitus*
    obiecti est possibilis, est condicio ipsius *possibilitatis
    obiecti.*

2. Eadem condicio sensitiva, sub qua sola *data sibi
    conferri possunt ad formandum conceptum obiecti
    intellectualem,* est etiam condicio ipsius possibilitatis
    obiecti.

3. Eadem condicio sensitiva, sub qua *subsumptio obiecti*
    alicuius obvii *sub dato conceptu intellectuali* solum
    possibilis est, est etiam condicio possibilitatis ipsius
    obiecti.

§ 27

Axioma subrepticium PRIMAE classis est: *quicquid est, est
alicubi et aliquando*[9]. Hoc vero principio spurio omnia

---

[9] Spatium et tempus concipiuntur, quasi omnia sensibus ulla
ratione obvia *in se* comprehendant. Ideo non datur secundum
leges mentis humanae ullius entis intuitus, nisi ut *in spatio ac*

Form des Raumes und der Zeit geschieht, durch keine Anstrengung des Geistes, auch nicht fiktiv, erlangen können, so geschieht es, daß wir alle Anschauung überhaupt, die an diese Gesetze nicht gebunden ist, für unmöglich halten (unter Übergehung der rein intellektuellen und den Gesetzen der Sinne nicht unterworfenen Anschauung, wie sie etwa die göttliche ist, und die Plato die Idee nennt) und daher alles Mögliche den sinnenhaften Axiomen des Raumes und der Zeit unterwerfen.

§ 26

Alles Blendwerk, wodurch sinnliche Erkenntnisse als intellektuelle vorgespiegelt werden, woraus erschlichene Axiome entstehen, kann auf drei Arten zurückgeführt werden, deren generelle Formeln so lauten:

1. Dieselbe sinnliche Bedingung, unter der allein die *Anschauung* des Objekts möglich ist, ist die Bedingung der *Möglichkeit des Objekts* selber.

2. Dieselbe sinnliche Bedingung, unter der allein das *Gegebene miteinander verglichen werden kann, um einen intellektuellen Begriff des Objekts zu bilden,* ist auch die Bedingung der Möglichkeit des Objektes selbst.

3. Dieselbe sinnliche Bedingung, unter welcher die *Subsumtion* eines vorkommenden *Objekts* unter einen gegebenen intellektuellen Begriff allein möglich ist, ist auch die Bedingung der Möglichkeit des Objekts selbst.

§ 27

Das erschlichene Axiom der ERSTEN Klasse lautet: *Alles, was ist, ist irgendwo und irgendwann* [9]. Durch dieses un-

---

[9] Raum und Zeit werden vorgestellt als wenn sie alles, was den Sinnen irgendwie vorkommt, *in sich* befaßten. Daher gibt es nach den Gesetzen des menschlichen Geistes keine Anschauung irgendeines Wesens, außer es sei *in Raum und Zeit* ent-

entia, etiamsi intellectualiter cognoscantur, condicionibus
spatii atque temporis in exsistendo adstringuntur. Hinc de
substantiarum immaterialium (quarum tamen eandem ob
causam nullus datur intuitus sensitivus, nec sub tali forma
repraesentatio) locis in universo corporeo, de sede animae,
et id genus aliis quaestiones iactant inanes, et cum sensitiva
intellectualibus, ceu quadrata rotundis, improbe misceantur,
plerumque accidit, ut disceptantium alter hircum mulgere,
alter cribrum supponere videatur. Est autem immaterialium in mundo corporeo praesentia virtualis, non localis
(quanquam ita improprie vocitetur); spatium autem non
continet condiciones possibilium actionum mutuarum, nisi
materiae; quidnam vero immaterialibus substantiis relationes externas virium tam inter se quam erga corpora
constituat, intellectum humanum plane fugit, uti vel per-
spicacissimus Eulerus, cetera phaenomenorum magnus
indagator et arbiter (in literis ad principem quandam
Germaniae missis) argute notavit. Cum autem ad entis
summi et extramundani conceptum pervenerint, dici non
potest, quantum hisce obvolitantibus intellectui umbris
ludificentur. *Praesentiam* Dei sibi fingunt localem, Deumque
mundo involvunt, tanquam infinito spatio simul comprehen-

---

tempore contenti. Comparari huic praeiudicio potest aliud,
quod proprie non est axioma subrepticium, sed ludibrium phan-
tasiae, quod ita exponi posset generali formula: quicquid exsistit,
in illo est spatium et tempus, h. e. omnis substantia est *extensa*
et continuo *mutata.* Quanquam enim, quorum conceptus sunt
crassiores, hac imaginandi lege firmiter adstringuntur, tamen
facile ipsi perspiciunt, hoc pertinere tantum ad conatus phanta-
siae, rerum sibi species adumbrandi, non ad condiciones
exsistendi.

echte Prinzip werden aber alle Dinge, auch wenn sie intellektuell verstanden werden sollen, den Bedingungen des Raumes und der Zeit im Existieren unterworfen. Daher kommen die vielen leeren Probleme über die Örter der immateriellen Substanzen in der Körperwelt (von denen es doch wegen ihrer Natur keine sinnliche Anschauung und keine Vorstellung unter einer solchen Form geben kann), über den Sitz der Seele und dergleichen mehr. Da hier das Sinnenhafte mit dem Intellektuellen wie Eckiges mit Rundem unpassend vermischt wird, geschieht es häufig, daß einer der Streitenden den Bock zu melken und der andere ein Sieb unterzuhalten scheint. Es ist aber die Gegenwart der immateriellen Dinge in der Körperwelt eine bloß dynamische, nicht räumliche (obwohl sie uneigentlich so genannt wird); der Raum aber enthält die Bedingungen der möglichen wechselseitigen Handlungen nur für die Materie. Was aber bei den immateriellen Substanzen die äußeren Verhältnisse der Kräfte, die sie auf sich selbst wie auf die Körper ausüben, begründe, das entgeht dem menschlichen Verstande vollständig, wie auch der scharfsinnige Euler, der im übrigen ein großer Erforscher und Kenner der Phänomene ist, (in seinen Briefen an eine deutsche Prinzessin) sehr deutlich bemerkt hat. Wenn sie aber zu dem Begriffe des höchsten und außerweltlichen Wesens gelangt sind, kann man kaum ausdrücken, wie ihnen von diesen ihren Verstand umflatternden Gespenstern mitgespielt wird. Die *Gegenwart* Gottes malen sie sich als eine *örtliche* und schließen Gott in die Welt ein, wie wenn er von dem unendlichen Raum zugleich umfaßt würde, um ihn hernach

---

halten. Vergleichbar mit diesem Vorurteil ist ein anderes, das jedoch eigentlich nicht ein erschlichenes Axiom, sondern nur ein Spiel der Einbildungskraft ist, das allgemein ausgedrückt so lauten könnte: *in allem*, was existiert, ist *Raum und Zeit*, d. h. jede Substanz ist *ausgedehnt* und in stetiger *Veränderung* begriffen. Obwohl nämlich alle, deren Begriffe noch roh genug sind, an dieses Gesetz der Einbildungskraft sehr fest gebunden sind, durchschauen sie es doch leicht selbst, daß dies bloß zu den Versuchen der Einbildungskraft, sich Bilder der Dinge zu entwerfen, gehöre, aber nicht zu den Bedingungen der Existenz.

sum, hanc ipsi limitationem compensaturi, videlicet, localitate quasi *per eminentiam* concepta, h. e. infinita. At in pluribus locis simul esse absolute impossibile est, quia loca diversa sunt extra se invicem, ideoque, quod est in pluribus locis, est extra semet ipsum sibique ipsi externe praesens, quod implicat. Quod autem tempus attinet, postquam illud non solum legibus cognitionis sensitivae exemerunt, sed ultra mundi terminos ad ipsum ens extramundanum, tanquam condicionem exsistentiae ipsius, transtulerunt, inextricabili labyrintho sese involvunt. Hinc absonis quaestionibus ingenia excruciant, v. g. cur Deus mundum non multis retro saeculis condiderit. Facile quidem concipi posse sibi persuadent, quipote Deus praesentia, h. e. actualia *temporis in quo est,* cernat; at quomodo futura, h. e. actualia *temporis in quo nondum est,* prospiciat, difficile intellectu putant. (Quasi exsistentia entis necessarii per omnia temporis imaginarii momenta successive descendat et, parte durationis suae iam exhausta, quam adhuc victurus sit aeternitatem una cum simultaneis mundi eventibus prospiciat). Quae omnia notione temporis probe perspecta fumi instar evanescunt.

§ 28

SECUNDAE speciei praeiudicia, cum intellectui imponant per condiciones sensitivas, quibus mens adstringitur, si in quibusdam casibus ad conceptum intellectualem pertingere vult, adhuc magis se abscondunt. Horum unum est quod quantitatis, alterum quod qualitatum generaliter afficit cognitionem. Prius est: *omnis multitudo actualis est dabilis numero* ideoque omne quantum finitum, posterius: *quicquid*

für diese Einschränkung irgendwie zu entschädigen, indem
sie diese Örtlichkeit als eine *eminente* bezeichnen, d. h. eine
unendliche. Aber es ist schlechterdings unmöglich, an mehreren Orten zugleich zu sein, weil verschiedene Orte außerhalb einander sind und also das, was in vielen Orten ist,
außer sich selbst ist und es sich also selber äußerlich gegenwärtig ist, was sich widerpricht. Was aber die Zeit anlangt,
so verwickeln sie sich in ein unentrinnbares Labyrinth, nachdem sie sie nicht nur von den Gesetzen der sinnlichen Erkenntnis entbunden, sondern auch über die Grenzen der
Welt hinaus auf das außerweltliche Wesen selbst als Bedingung seiner Existenz übertragen haben. Daher quälen sie
ihre Köpfe mit absurden Problemen, wie z. B., warum Gott
die Welt nicht um viele Epochen zuvor geschaffen habe.
Sie halten es nämlich für leicht begreiflich, wie Gott das
Gegenwärtige, d. h. das Wirkliche der *Zeit, in welcher er
sich befindet,* schaue, aber wie er das Künftige, d. h. das
Wirkliche der *Zeit, in der er noch nicht ist,* vorhersehe, das
halten sie für schwer zu begreifen. (Gleichsam als wenn die
Existenz des notwendigen Wesens alle Augenblicke einer
eingebildeten Zeit sukzessiv durchliefe und, nachdem es
einen Teil seiner Dauer schon hinter sich habe, die Ewigkeit , die es ferner noch durchleben müsse, zusammen mit
den gleichzeitigen Weltbegebenheiten voraussehe). Dies
alles verschwindet wie Rauch, wenn man den Begriff der
Zeit richtig durchschaut hat.

§ 28

Die Vorurteile der ZWEITEN Klasse verbergen sich bislang
noch tiefer, da sie den Verstand durch diejenigen sinnlichen
Bedingungen, an die der Geist gebunden ist, wenn er in
gewissen Fällen zur intellektuellen Erkenntnis gelangen
will, hintergehen. Unter diesen ist eins, welches die Erkenntnis der Quantität, ein anderes, welches die der Quali-
täten im allgemeinen betrifft. Das erstere lautet: *Jede wirkliche Menge ist durch eine Zahl angebbar,* also jedes Quantum endlich. Das zweite heißt: *Alles, was unmöglich ist,*

est impossibile, sibi contradicit. In utroque conceptus temporis quidem non ingreditur notionem ipsam praedicati, neque censetur nota esse subiecti, attamen ut medium inservit conceptui praedicati informando, adeoque ceu condicio afficit conceptum intellectualem subiecti, quatenus nonnisi ipsius subsidio ad hunc pertingimus.

Quod itaque attinet *prius*, cum omne quantum atque series quaelibet non cognoscatur distincte, nisi per coordinationem successivam, conceptus intellectualis quanti et multitudinis opitulante tantum hoc conceptu temporis oritur et nunquam pertingit ad completudinem, nisi synthesis absolvi possit tempore finito. Inde est, quod *infinita series* coordinatorum secundum intellectus nostri limites distincte comprehendi non possit, adeoque per vitium subreptionis videatur impossibilis. Nempe secundum leges intellectus puri quaelibet series causatorum habet sui *principium*, h. e. non datur regressus in serie causatorum absque termino, secundum leges autem sensitivas quaelibet series coordinatorum habet sui *initium* assignabile, quae propositiones, quarum posterior *mensurabilitatem* seriei, prior *dependentiam* totius involvit, perperam habentur pro identicis. Pari modo *argumento intellectus*, quo probatur, quod dato composito substantiali dentur compositionis principia, h. e. simplicia, se adiungit *supposititium* aliquod, a sensitiva cognitione subornatum, quod nempe in tali composito regressus in partium compositione non detur in infinitum, h. e. quod definitus detur in quolibet composito partium numerus, cuius certe sensus priori non est geminus, adeoque temere illi substituitur. Quod itaque quantum mundanum sit limitatum (non maximum), quod agnoscat sui principium, quod corpora constent simplicibus, sub rationis signo utique

enthält einen Widerspruch. In beiden geht zwar die Vorstellung der Zeit nicht in den Begriff des Prädikates selber ein
und wird nicht für ein Merkmal des Subjekts gehalten,
gleichwohl aber dient sie als ein Medium, um den Begriff
des Prädikates zu bilden, und beeinflußt als Bedingung die
intellektuelle Erkenntnis des Gegenstandes, insofern wir
nur durch ihre Hilfe zu dieser gelangen.

Was also das *erste* anlangt, so entspringt die intellektuelle
Erkenntnis eines Quantums und einer Menge nur durch
Beihilfe dieser Vorstellung der Zeit, da ein jedes Quantum
und jede Reihe nur durch sukzessive Zusammensetzung
deutlich erkannt wird, und sie gelangt niemals zur Vollständigkeit, wenn der Aufbau nicht in endlicher Zeit vollendet werden kann. Daher kommt es, daß eine *unendliche
Reihe* zusammengeordneter Gegenstände nach den Schranken unseres Verstandes nicht deutlich erfaßt werden kann
und nun durch einen Fehler der Erschleichung als unmöglich erscheint. Denn: nach den Gesetzen des reinen Verstandes hat jede Reihe von Wirkungen ihren *Ursprung,* d. h. es
gibt keinen Rückgang in der Reihe der Wirkungen ohne
eine Grenze, nach den Gesetzen aber der sinnlichen Anschauung hat jede Reihe zusammengeordneter Gegenstände
ihren bestimmbaren *Anfang.* Diese Sätze nun, von denen
der zweite die *Meßbarkeit,* der erste die *Abhängigkeit* des
Ganzen behauptet, werden fälschlich für identisch gehalten.
Auf gleiche Weise gesellt sich zu dem *Verstandesschluß,*
durch den bewiesen wird, daß, wenn ein substantielles Zu-
sammengesetztes gegeben ist, auch die Prinzipien der Zusammensetzung, d. h. die einfachen Bestandteile gegeben
sind, ein *untergeschobener Grundsatz,* den die sinnliche Erkenntnis vorspiegelt, daß nämlich in einem solchen Zusammengesetzten der Rückgang in der Zusammensetzung der
Teile nicht ins Unendliche stattfinde, d. h. daß es in jedem
Zusammengesetzten eine bestimmte Anzahl der Teile gebe.
Der Sinn dieses Grundsatzes ist dem ersteren sicherlich
nicht gleich und wird also grundlos mit jenem vertauscht.
Daß also die Größe der Welt beschränkt sei (kein Maximum), daß sie auf einen Ursprung ihrer selbst hinweist,
daß die Körper aus einfachen Teilen bestehen, das kann

certo cognosci potest. Quod autem universum, quoad
molem, sit mathematice finitum, quod aetas ipsius transacta
sit ad mensuram dabilis, quod simplicium, quodlibet corpus
constituentium, sit definitus numerus, sunt propositiones,
quae aperte ortum suum e natura cognitionis sensitivae
loquuntur, et utcunque ceteroquin haberi possint pro veris,
tamen macula haud dubia originis suae laborant.

Quod autem *posterius* concernit *axioma subrepticium*,
oritur temere convertendo contradictionis principium.
Adhaeret autem huic primitivo iudicio conceptus temporis
eatenus, quod, datis *eodem tempore* contradictorie oppositis
in eodem, liqueat impossibilitas, quod ita enuntiatur:
quicquid simul est ac non est, est impossibile. Hic, cum per
intellectum aliquid praedicetur in casu, qui secundum leges
sensitivas datus est, iudicium apprime verum est et
evidentissimum. Contra ea, si convertas idem axioma ita ut
dicas: *omne impossibile simul est ac non est* s. involvit
contradictionem, per sensitivam cognitionem generaliter
aliquid praedicas de obiecto rationis, ideoque conceptum
intellectualem de possibili aut impossibili subiicis condicionibus cognitionis sensitivae, nempe respectibus temporis,
quod quidem de legibus, quibus adstringitur et limitatur
intellectus humanus, verissimum est, obiective autem et
generaliter nullo modo concedi potest. Nempe noster
quidem intellectus *impossibilitatem non animadvertit,* nisi
ubi notare potest simultaneam oppositorum de eodem
enuntiationem, h. e. tantummodo ubi occurrit contradictio.
Ubicunque igitur talis condicio non obvenit, ibi nullum
intellectui humano de impossibilitate iudicium vacat. Quod
autem ideo nulli plane intellectui liceat, adeoque, *quicquid
non involvit contradictionem, ideo sit possibile,* temere

unter dem absolut sicheren Siegel der Vernunft erkannt
werden. Daß aber das Weltall seiner Masse nach mathema-
tisch endlich sei, daß sein verflossenes Weltalter meßbar sei,
daß es von den einfachen Teilen, die einen jeden Körper
ausmachen, eine bestimmte Zahl gebe, das sind Sätze, die
deutlich ihren Ursprung aus der Natur der sinnenhaften
Erkenntnis verraten und, wie sehr sie auch im übrigen für
wahr gehalten werden können, dennoch an dem zweifel-
losen Makel ihres Ursprungs kranken.

Was nun das *andere erschlichene Axiom* betrifft, so entspringt es durch eine willkürliche Umkehrung des Satzes
vom Widerspruch. Es hängt aber diesem Grundprinzip die
Vorstellung der Zeit insofern an, als sich allererst dann,
wenn zwei entgegengesetzte Merkmale bei einem und demselben zu *gleicher Zeit* vorhanden sind, die Unmöglichkeit
klar ist, was so ausgesprochen wird: „was *zugleich ist und
nicht ist, ist unmöglich.*" Das Urteil ist hier, wo etwas
durch den Verstand in einem Fall, der nach den Gesetzen
der Sinnlichkeit gegeben ist, prädiziert wird, völlig wahr
und augenscheinlich. Dagegen wenn man dieses Axiom um-
kehrt und sagt: „*Alles Unmögliche ist etwas und ist es zugleich nicht,* d. h. enthält einen Widerspruch", so prädiziert
man vermittels der sinnlichen Erkenntnis etwas allgemein
von einem Objekt der reinen Vernunft und unterwirft also
den rein intellektuellen Begriff vom Möglichen und Un-
möglichen den Bedingungen der sinnenhaften Erkenntnis,
nämlich den Verhältnissen der Zeit, was zwar in Bezug auf
die Gesetze, durch die der menschliche Verstand gebunden
und beschränkt ist, vollständig wahr ist, jedoch als universell objektiv gültig keineswegs eingeräumt werden darf;
denn unser Verstand *bemerkt zwar die Unmöglichkeit
nicht,* wenn er nicht eine gleichzeitige Aussage entgegengesetzter Prädikate über ein und dasselbe feststellen kann,
d. h. nur dann, wenn ein Widerspruch begegnet. Wo also
eine solche Bedingung nicht statthat, steht dem menschlichen Verstand kein Urteil über Unmöglichkeit frei. Daß ein
solches aber deswegen für überhaupt keinen Verstand
möglich wäre, mithin alles, *was keinen Widerspruch enthält, deshalb möglich sei,* das wird vollkommen grundlos

concluditur, subiectivas iudicandi condiciones pro obiectivis habendo. Hinc tot vana commenta *virium,* nescio quarum, pro lubitu confictarum, quae absque obstaculo repugnantiae e quolibet ingenio architectonico, seu si mavis, ad chimaeras proclivi turbatim prorumpunt. Nam, cum *vis* non aliud sit, quam *respectus* substantiae *A ad aliud quiddam B* (accidens) tanquam rationis ad rationatum: vis cuiusque possibilitas *non nititur identitate* causae et causati, s. substantiae et accidentis, ideoque etiam impossibilitas virium falso confictarum *non pendet a sola contradictione.* Nullam igitur *vim originariam* ut possibilem sumere licet, nisi *datam ab experientia,* neque ulla intellectus perspicacia eius possibilitas a priori concipi potest.

§ 29

TERTIAE speciei axiomata subrepticia e condicionibus *subiecto* propriis, a quibus in *obiecta* temere transferuntur, non ita pullulant, ut (quemadmodum fit in iis, quae sunt classis secundae) ad conceptum intellectualem *per sensitive data* sola pateat via, sed quia his tantum auxiliantibus ad *datum* per experientiam *casum applicari,* h. e. cognosci potest, utrum aliquid sub certo conceptu intellectuali contineatur, necne. Eiusmodi est tritum illud in quibusdam scholis: *quicquid exsistit contingenter, aliquando non exstitit.* Oritur hoc principium suppositicium e penuria intellectus, contingentiae aut necessitatis notas *nominales* plerumque, *reales* raro perspicientis. Hinc utrum oppositum alicuius substantiae possibile sit, cum per notas a priori depromptas vix perspiciatur, aliunde non cognoscetur, quam *si eam*

geschlossen, indem man eben die subjektiven Bedingungen des Urteilens für objektive hält. Daher die vielen eitlen Einfälle von ich weiß nicht welchen beliebig erdichteten Kräften, die ohne ein Hindernis des Selbstwiderspruchs aus jedem architektonischen oder vielmehr zu Chimären geneigten Kopfe haufenweise hervorkollern. Denn da Kraft nichts anderes ist als das *Verhältnis* einer Substanz A zu *irgend etwas anderem* B (einem Akzidenz) von der Art des Grundes zur Folge, so wird die Möglichkeit einer jeden Kraft nicht durch *die Identität* der Ursache und der Wirkung, d.h. der Substanz und des Akzidenz *gestiftet,* und deswegen *hängt* auch die Unmöglichkeit der falsch erdichteten Kräfte *nicht allein am inneren Widerspruch.* Man darf also keine *ursprüngliche Kraft* als möglich annehmen, es sei denn *sie sei durch Erfahrung gegeben,* und ihre Möglichkeit kann durch keinen Scharfsinn des Verstandes a priori erkannt werden.

§ 29

Die erschlichenen Axiome der DRITTEN Klasse entspringen aus den dem *Subjekt* eigentümlichen Bedingungen und ihrer grundlosen Übertragung auf die *Objekte* nicht so, wie es bei denen, die zur zweiten Klasse gehören, der Fall ist, daß man *über die sinnlichen Daten* allein einen Weg zur intellektuellen Erkenntnis habe, sondern weil allein nur durch Hilfe derselben auf einen durch Erfahrung *gegebenen Fall die Anwendung gemacht* d. h. erkannt werden kann, ob etwas unter einem gewissen intellektuellen Begriff enthalten ist oder nicht. Dieser Art ist jener in einigen Schulen geläufige Grundsatz: „*Was zufällig existiert, hat einmal nicht existiert".* Dieser erschlichene Grundsatz entspringt aus der Armut des Verstandes, der zwar die *Nominaldefinitionen* der Zufälligkeit und Notwendigkeit meistens, die *Sachdefinition* aber selten einsieht. Ob also das Nichtsein irgendeiner Substanz möglich ist, das wird man, da es durch Merkmale, die aus dem bloßen Verstande genommen sind, kaum erkannt wird, nicht anderswoher erkennen als *wenn es feststeht, daß sie irgendeinmal nicht ge-*

aliquando non fuisse constet; et mutationes verius testantur
contingentiam, quam contingentia mutabilitatem, ita ut, si
nihil in mundo obveniret fluxum et transitorium, vix aliqua
nobis notio contingentiae oboriretur. Ideoque propositio
directa cum sit verissima: *quicquid aliquando non fuit, est*
contingens, inversa ipsius non indigitat nisi condiciones, sub
quibus solis, utrum aliquid exsistat necessario an contingenter, dinoscere licet; ideoque si ceu lex subiectiva (qualis
revera est) enuntietur, ita efferri debet: *de quo non constat,*
quod aliquando non fuerit, illius contingentiae notae
sufficientes per communem intelligentiam non dantur; quod
tandem tacite abit in condicionem obiectivam, quasi
absque hoc annexo contingentiae plane locus non sit. Quo
facto exsurgit axioma adulterinum et erroneum. Nam mundus hic, quanquam contingenter exsistens, *est sempiternus*
h. e. omni tempori simultaneus, ut ideo tempus aliquod
fuisse, quo non exstiterit, perperam asseratur.

§ 30

Accedunt principiis subrepticiis magna affinitate alia
quaedam, quae quidem conceptui dato intellectuali nullam
sensitivae cognitionis maculam affricant, sed quibus tamen
intellectus ita luditur, ut ipsa habeat pro argumentis ab
obiecto depromptis, cum tantummodo *per convenientiam*
cum libero et amplo intellectus usu, pro ipsius singulari
natura, nobis commendentur. Ideoque, aeque ac ea quae
superius a nobis enumerata sunt, nituntur rationibus
subiectivis, verum non legibus sensitivae cognitionis, sed
ipsius intellectualis, nempe condicionibus, quibus ipsi facile

wesen ist, und die Veränderungen sind eher ein Beweis der Zufälligkeit als die Zufälligkeit ein Beweis der Veränderlichkeit, so daß, wenn es in der Welt nichts Fliessendes und Vorübergehendes gäbe, für uns kaum irgendein Begriff der Zufälligkeit entspringen würde. Obgleich nun also der direkte Satz: *„Was irgendeinmal nicht gewesen ist, ist zufällig"*, völlig wahr ist, so zeigt doch seine Umkehrung lediglich Bedingungen an, die notwendig sind, um zu unterscheiden, ob irgendetwas notwendig oder zufällig existiert, und deswegen sollte er, wenn er als subjektives Gesetz (das er in Wahrheit ist) ausgesagt wird, folgendermaßen formuliert werden: *„Wovon nicht feststeht, daß es einmal nicht gewesen ist, von dessen Zufälligkeit hat man durch den gemeinen Verstand keine hinreichenden Merkmale".* Dieses subjektive Prinzip verwandelt sich am Ende stillschweigend in eine objektive Bedingung, gleichsam als ob ohne diesen Zusatz überhaupt keine Zufälligkeit stattfände. Auf diese Weise entspringt ein unechtes und irrtümliches Axiom. Beweis: Diese Welt, obwohl zufällig existierend, *ist ewig*, d. h. mit jeder beliebigen Zeit gleichzeitig, so daß es eine falsche Aussage wäre zu behaupten, daß es irgendeine Zeit gegeben habe, wo sie nicht existiert hat.

§ 30

Mit den erschlichenen Grundsätzen haben einige andere große Verwandtschaft, die zwar einem gegebenen intellektuellen Begriff nicht den Makel einer sinnenhaften Erkenntnis antun, die aber doch dem Verstand so mitspielen, daß er sie für von den Dingen selber geltende Argumente hält, während sie nur *durch ihre Zweckmäßigkeit* für den freien und reichlichen Gebrauch des Verstandes gemäß dessen besonderer Natur sich uns empfehlen. Sie beruhen daher ebenso wie die oben von uns aufgezählten auf *subjektiven* Gründen, jedoch nicht auf Gesetzen der sinnenhaften Erkenntnis, sondern der intellektuellen Erkenntnis selbst, nämlich auf Bedingungen, unter welchen es dem Verstand leicht und bequem scheint, Gebrauch von seiner

videtur et promptum perspicacia sua utendi. Liceat mihi
horum principiorum, quantum equidem scio, nondum alibi
distincte expositorum, hic coronidis loco mentionem aliquam
iniicere. Voco autem *principia convenientiae* regulas illas
iudicandi, quibus libenter nos submittimus et quasi
axiomatibus inhaeremus, hanc solum ob rationem, quia, *si
ab iis discesserimus, intellectui nostro nullum fere de obiecto
dato iudicium liceret.* In horum censum veniunt sequentia.
PRIMUM, quo sumimus, *omnia in universo fieri secundum
ordinem naturae;* quod quidem principium Epicurus absque
ulla restrictione, omnes autem philosophi cum rarissima et
non sine summa necessitate admittenda exceptione uno ore
profitentur. Ita autem statuimus, non propterea, quod even-
tuum mundanorum secundum leges naturae communes tam
amplam possideamus cognitionem, aut supernaturalium nobis
pateret vel impossibilitas, vel minima possibilitas hypothetica, sed quia, si ab ordine naturae discesseris, intellectui nullus plane usus esset, et temeraria citatio supernaturalium est pulvinar intellectus pigri. Eandem ob rationem
miracula comparativa, influxus nempe spirituum, sollicite
arcemus ab expositione phaenomenorum, quia, cum eorum
natura nobis incognita sit, intellectus magno suo detrimento
a luce experientiae, per quam solam legum iudicandi sibi
comparandarum ipsi copia est, ad umbras incognitarum
nobis specierum et causarum averteretur. SECUNDUM *est
favor* ille *unitatis,* philosophico ingenio proprius, a quo per-
vulgatus iste canon profluxit: *principia non esse multipli-
canda praeter summam necessitatem;* cui suffragamur, non
ideo, quia causalem in mundo unitatem vel ratione vel
experientia perspiciamus, sed illam ipsam indagamus
impulsu intellectus, qui tantundem sibi in explicatione
phaenomenorum profecisse videtur, quantum ab eodem
principio ad plurima rationata descendere ipsi concessum

Scharfsichtigkeit zu machen. Es sei mir erlaubt, über diese Prinzipien, die meines Wissens noch nirgendwo anders deutlich erörtert sind, hier zum Abschluß etwas zu sagen. Ich verstehe aber unter *Prinzipien der Bequemlichkeit* solche Regeln der Urteilskraft, denen wir uns gerne unterwerfen und gleichsam als Axiomen anhängen, bloß aus diesem einzigen Grunde, weil, *wenn wir von ihnen abgingen, unserem Verstand über ein gegebenes Objekt fast kein Urteil möglich wäre.* Zu dieser Sorte zählen die folgenden: ERSTENS dies, nach dem wir annehmen, daß *alles im Weltall nach der Naturordnung geschehe,* ein Prinzip, das Epikur ohne alle Einschränkung, alle Philosophen aber mit der seltensten und nur in der äußersten Notwendigkeit zulässigen Ausnahme einstimmig bekennen. Wir stellen es nicht deswegen auf, weil wir eine so reiche Erkenntnis der Weltbegebenheiten nach allgemeinen Naturgesetzen besäßen, oder weil wir sei es die Unmöglichkeit, sei es die minimale hypothetische Möglichkeit des Übernatürlichen einsähen, sondern weil für den Verstand so gut wie gar kein Gebrauch übrigbleibt, wenn man von der Naturordnung abgeht, und weil die grundlose Berufung auf das Übernatürliche das Ruhekissen der faulen Vernunft ist. Aus eben demselben Grunde halten wir auch die *komparativen Wunder,* nämlich den Einfluß der Geister, sorgfältig von der Erklärung der Phänomene fern, weil, da deren Natur uns unbekannt ist, der Verstand sonst zu seinem großen Schaden von dem Lichte der Erfahrung, durch die er allein sich Gesetze des Urteilens erwerben kann, weg zu den Schatten uns unbekannter Formen und Ursachen abgelenkt würde. Das ZWEITE ist die dem philosophischen Geiste eigene *Neigung zur Einheit,* aus der der weitverbreitete Grundsatz hervorgeht, *man dürfe die Prinzipien nicht ohne äußerste Not vervielfältigen,* ein Grundsatz, dem wir nicht deswegen huldigen, weil wir die ursächliche Einheit in der Welt, sei es durch Vernunft, sei es durch Erfahrung erkennten, sondern wir forschen ihr nach auf Antrieb unseres Verstandes, der nur soweit in der Erkärung der Erscheinungen Fortschritte gemacht zu haben scheint, wie es ihm vergönnt ist, von einem und demselben Prinzip zu sehr vielen

est. TERTIUM eius generis principiorum est: *nihil omnino materiae oriri, aut interire,* omnesque mundi vicissitudines solam concernere formam; quod postulatum, suadente intellectu communi, omnes philosophorum scholas pervagatum est, non quod illud pro comperto aut per argumenta a priori demonstrato habitum sit, sed quia, si materiam ipsam fluxam et transitoriam admiseris, nihil plane stabile et perdurabile reliqui fieret, quod explicationi phaenomenorum secundum leges universales et perpetuas adeoque usui intellectus amplius inserviret.

Et haec quidem de methodo, potissimum circa discrimen sensitivae atque intellectualis cognitionis, quae si aliquando curatiori indagatione ad amussim redacta fuerit, scientiae propaedeuticae loco erit, omnibus in ipsos metaphysicae recessus penetraturis immensum quantum profuturae.

NOTA. Quoniam in postrema hac sectione indagatio methodi omnem facit paginam, et regulae praecipientes veram circa sensitiva argumentandi formam propria luce splendeant, nec eam ab exemplis illustrationis causa allatis mutuentur, horum tantummodo quasi in transcursu mentionem inieci. Quare mirum non est, nonnulla ibi audacius quam verius plerisque asserta visum iri, quae utique, cum aliquando licebit esse prolixiori, maius argumentorum robus sibi exposcent. Sic, quae § 27 de immaterialium localitate attuli, explicatione indigent, quam, si placet, quaeras apud Eulerum l. c. Tom. 2. p. 49—52. Anima enim non propterea cum corpore est in commercio, quia in certo

Folgen herabzusteigen. Das DRITTE Prinzip dieser Klasse ist dies: *daß überhaupt keine Materie entstehe oder vergehe und aller Wechsel der Welt allein die Form betreffe*, ein Postulat, das auf Empfehlung des gemeinen Verstandes in alle Schulen der Philosophen Eingang gefunden hat, jedoch nicht, weil man glaubt, es sei eine Sache der Erfahrung oder durch Argumente a priori bewiesen, sondern darum, weil, wenn man die Materie selbst fließend und vorübergehend sein ließe, ganz und gar nichts übrigbliebe, was als Stehendes und Bleibendes zur Bestimmung der Phänomene nach allgemeinen und beständigen Gesetzen und also zum Gebrauche des Verstandes weiter dienen könnte.

Soviel von der Methode, besonders in Ansehung des Unterschiedes der sinnenhaften und der intellektuellen Erkenntnis. Wenn man sie dereinst mit Hilfe einer sorgfältigeren Untersuchung auf bestimmte Regeln gebracht hat, wird damit eine propädeutische Wissenschaft vorhanden sein, die allen, die in die Tiefen der Metaphysik eindringen wollen, einen ungeheuren Vorteil liefern würde.

ANMERKUNG: Da in diesem letzten Abschnitt die Aufsuchung der Methode der einzige Gegenstand ist und die Regeln, die die wahre Form der Beurteilung der sinnenhaften Erkenntnis vorschreiben, durch ihr eigenes Licht glänzen und sie es nicht von den Beispielen, die man der Erläuterung halber anführt, entlehnen, so habe ich diese auch nur gleichsam im Vorbeigehen erwähnt. Deswegen ist es nicht wunderbar, daß dabei einige Behauptungen den meisten mehr kühn als wahr gesagt zu sein scheinen werden, wie sie denn, wenn der Autor einmal ausführlich sein darf, stärkere Beweisgründe verlangen werden. So bedarf das, was ich im § 27 von dem Ort der immateriellen Wesen angeführt habe, der Erläuterung, die man, wenn man will, bei Euler a.a.O. Band 2, S. 49 bis 52 [10] suchen mag. Denn die Seele ist nicht deshalb mit dem Körper in Gemeinschaft,

---

[10] Der deutschen Ausgabe von 1769 (Schluß des 92. und Hauptteil des 93. Briefes).

ipsius loco detinetur, sed tribuitur ipsi locus in unverso deter-
minatus ideo, quia cum corpore quodam est in mutuo commercio,
quo soluto omnis ipsius in spatio positus tollitur. *Localitas*
itaque illius est *derivativa* et contingenter ipsi conciliata, *non
primitiva* atque exsistentiae ipsius adhaerens condicio necessaria,
propterea quod quaecunque per se sensuum externorum (quales
sunt homini) obiecta esse non possunt, i. e. *immaterialia,* a
condicione universali *externe sensibilium,* nempe spatio, plane
eximuntur. Hinc animae localitas absoluta et immediata dene-
gari et tamen hypothetica et mediata tribui potest.

weil sie an eine bestimmte Stelle desselben gebunden ist, sondern es wird ihr ein bestimmter Ort im Weltall zugeschrieben, weil sie mit einem gewissen Körper in Wechselwirkung steht, mit deren Aufhebung zugleich ihre ganze Stelle im Raum aufgehoben wird. Daher ist ihre *Örtlichkeit* nur eine *abgeleitete* und ihr zufällig zugestandene, *nicht aber eine ursprüngliche* und ihrer Existenz als notwendige Bedingung anhängende, eben deswegen, weil alles, was an sich nicht Objekt der äußeren Sinne (wie sie dem Menschen eigen sind) sein kann, d. h. das *Immaterielle,* von der allgemeinen Bedingung des *äußerlich sinnlich Wahrnehmbaren,* nämlich dem Raume, gänzlich ausgenommen wird. Deshalb kann man der Seele die schlechthinnige und unmittelbare Örtlichkeit absprechen und ihr dennoch eine hypothetische und mittelbare zusprechen.

REGISTER

Die Zahlen beziehen sich auf die Paragraphen der Dissertation